早めの支援で進学や就職に困らないため！

発達障害のある子を守るお金と法律の話

監修

どんぐり発達クリニック院長

宮尾益知

(一社)全国手をつなぐ育成会連合会

又村あおい

河出書房新社

装　丁：志摩祐子（レゾナ）
カバー・本文イラスト：横井智美

まえがき　発達障害のある子どもを支援する制度について

○ライフステージに応じた支援が必要

障害のある方々が暮らしている地域にはさまざまな支援があります。この本の中では、障害のある人の生活に必要なお金のことや病気になった際の医療費のこと、さらにはヘルパーや通所グループホームなどの福祉サービスを取り上げています。

自閉スペクトラム症、注意欠陥多動性障害（ＡＤＨＤ）、学習障害（ＬＤ）といった発達障害のあるお子さん（以下、発達障害児）が育っていく過程では、いろいろな支援を必要とする場面があります。発達障害がわかってからの療育、保育所や幼稚園などの受け入れ、学校における学習機会の保証、放課後の過ごし方、大学などへの進学、会社への就職など、ライフステージに応じた支援が求められます。また、ライフステージを通じて福祉手当や医療費の補助といった経済的支援もあれば、暮らしの選択肢も広がることでしょう。それでは、そうした支援を活用するにはどうすればいいのでしょうか。まず、支援制度の概要を知ることが大切です。

現在の制度のほとんどは皆さんが住んでいる市町村の役所で手続きを行い、決定を受けないと使うことができません。さらに、どのようなサービスが使えるのかは、できるだけ自分で調べなければなりません。これからのことも含め、この本の中で障害のある人たちが暮らしていくために必要なサービスを紹介しています。皆さんの暮らしに役立つように、まえがきの後半にも支援の大枠を案内していますが、発達障害のある方々の暮らしを支える福祉のサービスを中心に、お金のことや医療費の補助についても記しています。

発達障害者支援法

発達障害者支援法は、平成17（２００５）年に施行された法律で、発達障害を定義するとともに、それぞれの特性に応じた支援を受けられるよう、国や都道府県、市町村などの役割を明確化したものです。

法令に基づく発達障害とは、

「自閉症、アスペルガー症候群その他の広汎性発達障害、学習障害、注意欠陥多動性障害、その他これに類する脳機能の障害であってその症状が通常低年齢において発現するもの」

とされています。

医師の診断書などに基づきこれらの状態にあたると確認できる場合には、各種の支援サービスを利用することができます。

○都道府県、政令指定都市に窓口を設置

また、都道府県および政令指定都市ごとに「発達障害者支援センター」という窓口が設置されており、発達障害に関する相談対応や情報提供、研修会の開催などをしています。ただし、個別の相談に対応していない発達障害者支援センターもありますので、お住まいの地域にあるセンターへ確認してみましょう。

また、残念ながら発達障害を証明する障害者手帳（発達障害者手帳）は法律に位置付けられていません。そのため、障害者手帳が必要で、知的障害を伴う場合は療育手帳（愛の手帳）、知的障害を伴わない場合には精神障害者保健福祉手帳の取得が必要となります。

○障害児福祉サービス

発達障害児が利用できる福祉サービスには、大きく分けて通所による発達支援と外出時の付き添いがあります。

通所による発達支援は、さらに年齢で「児童発達支援（以下、児発）」と「放課後等デイサービス（以下、放デイ）」に分かれます。

児発は未就学児が対象、放デイは学齢児（小学生から高校生まで）が対象となります。どちらも年齢に応じた発達支援を提供するサービスですが、放デイに関しては保護者の就労を支援する目的で、放課後児童クラブ（学童保育）的に使われることもあります。

申請に診断書などが必要

利用の申請はお住まいの市町村が窓口となります。療育手帳や精神障害者保健福祉手帳がある場合はスムーズに手続きできます。

手帳がない場合は発達障害を証明する医師の診断書などが必要になります。また、対象となる子どもが広く障害児全般となるため、発達障害に対応した支援を提供できる事業所がどこにあるか、事前に調べておく必要があります。

幼稚園や保育所などへの受け入れ支援

未就学の発達障害児が幼稚園や保育所、認定こども園を利用する場合には、子どもの状況に応じて保育士や幼稚園教諭などの追加配置（加配）を受けることができます。

幼稚園などは児発と異なり、発達障害児の対応に十分なノウハウを有しているとは限りません。そのため、加配を活用することでより手厚い対応が期待できます。ただし、加配を受けられるのは一般的に3歳以上となり、お住まいの市町村へ加配の申請が必要です。

また、地域によっては「保育所等訪問支援」という、専門職員を幼稚園や学童保育などへ派遣する障害児福祉サービスを実施していることもありますので、お住まいの市町村へ確認してみましょう。

経済的支援について

代表的な発達障害児への経済的支援としては、特別児童扶養手当が挙げられます。これは、中重度の障害のある子どもを育てている養育者（基本的には親）を対象とするもので、子どもの年齢が19歳までとなります。重度（1級）の判定だと月額5万5350円、中度（2級）の判定だと月額3万6860円となります。等級の判定は医師の診断書によって行われますので、障害者手帳を持っていない発達障害児でも対象となる可能性があります。

親の所得にも注意が必要

知的障害を伴わない場合には対象とならないこともあるほか、親の年収が700万円程度あると所得制限により支給が停止されることもあります。

そのほか、精神科に定期通院している場合の医療費助成制度（自立支援医療制度）もありますが、近年では子どもの医療費補助制度が充実していますので、本人が成人してから活用すれば足りるでしょう。

○学習機会の保証

発達障害児が学校へ通うようになると、いわゆる通常学級（一般のクラス）での学習だけでなく、個別の学習支援が必要となるケースも増えてきます。

主に公立の小中学校においては、発達障害児を対象とした「特別支援学級（以下、支援学級）」や「通級指導教室（以下、通級指導）」といった仕組みが用意されています。

文部科学省の通知等において支援学級は大きく7種類に分類されますが、その中に「自閉症」と「情緒障害」が含まれており、少人数での個別指導を受けることができます。

また、通級指導はさらに細かく、前記に加えて「注意欠陥多動性障害」と「学習障害」のクラスが設けられています。

○支援学級と通級指導について

支援学級は、基本的に支援学級で学習を行い、教科によっては通常学級と合同で授業します。たとえば、国語や算数は支援学級、体育や音楽は通常学級と合同というイメージです。

一方の通級指導は、基本的に通常学級で学習を行い、教科によっては通級指導教室で授業をします。たとえば、算数が苦手なため、その時間だけ通級指導教室で授業を受けるというイメージです。

ただし、支援学級も通級指導も、市町村によって運営には大きな違いがあります。各学校に支援学級を設置している地域もあれば、3～4の学校に一つしか設置していない地域もあるため、お住まいの市町村教育委員会へ確認するのが良いでしょう。

20年前には極めて限定的だった発達障害児支援も、今では随分と充実してきました。もちろん地域によって支援体制の整備状況には差異がありますが、本書を通じて基本的な制度の枠組みを把握していただければ幸いです。

（一社）全国手をつなぐ育成会連合会常務理事兼事務局長　又村あおい

第3章 小学校〜中学校で受けられる支援

第6章 将来の自立に向けて知っておきたい制度とお金 ―― 143

序章

発達障害者支援法に基づく発達障害の基礎知識

「発達障害者支援法」に基づく発達障害の定義

法律が示した定義から発達障害を正しく理解する

近年、発達障害について広く知られるようになりました。しかし、発達障害の状態やその程度などについてはわかりにくいものがあります。発達障害への理解をさらに深め、適切な支援を受けるためには、法律に基づく発達障害の定義を知っておくことがとても重要です。

２００５年に施行された「発達障害者支援法」において、発達障害とは、「自閉症、アスペルガー症候群その他の広汎性発達障害、学習障害、注意欠陥多動性障害その他これに類する脳機能の障害であってその症状が通常低年齢において発現するもの」と定められています。また、この法律において発達障害者は、発達障害があることにより日常生活や社会生活に制限を受ける人のことを指し、そのうち18歳未満の人を発達障害児といいます。

一般的に耳にする発達障害の名称とは異なる部分もありますが、本章では発達障害者支援法に基づいた名称で、それぞれの特徴について説明していきます。

発達障害者とは

発達障害を有するために日常生活または社会生活に制限を受けるものをいい、「発達障害児」とは発達障害者のうち18歳未満のものをいう。

(発達障害者支援法第二条より)

発達障害とは

自閉症、アスペルガー症候群その他の広汎性発達障害、学習障害、注意欠陥多動性障害その他これに類する脳機能の障害であってその症状が通常低年齢において発現するもの

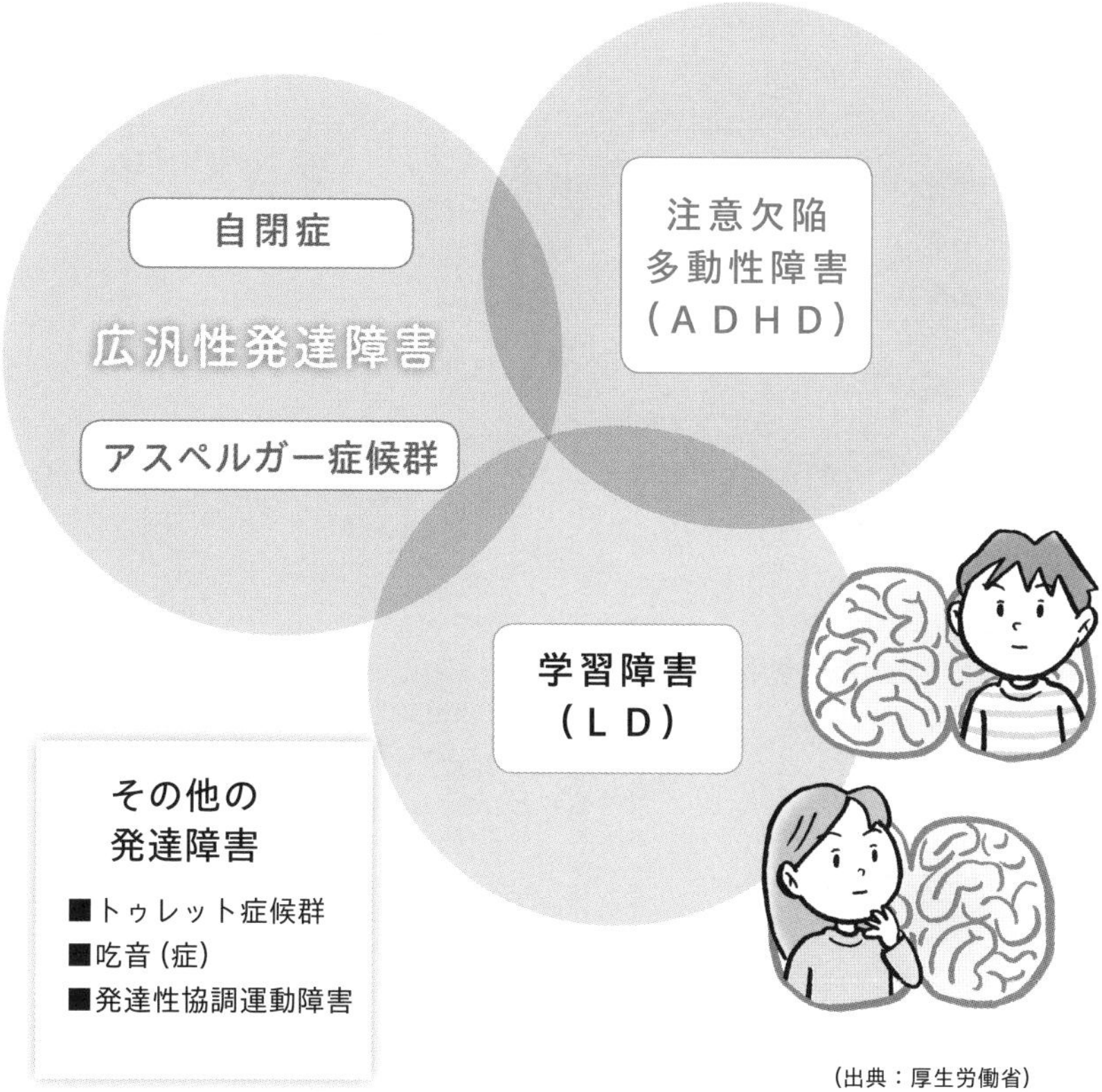

(出典：厚生労働省)

自閉症

自閉症は、脳の働きの違いによって比較的早い段階から認められる障害です。おもに次の三つの特性があげられますが、そのほかに感覚の過敏さまたは感覚の鈍感さがみられることも少なくありません。

自閉症の特性

① 社会的やりとりの障害

視線が合わない、ひとり遊びを好む、名前を呼ばれても反応しない、周囲との状況に合わせた行動をとるのが苦手など、対人・対社会的な関係を築くことがうまくできません。

② コミュニケーションの障害

言葉の遅れ、言われた言葉をそのまま繰り返す（オウム返し）、ひとりごとが多く会話にならないなど、人とのコミュニケーションをとることに困難があります。

③ こだわり行動

反復的に手をひらひらさせる、ぴょんぴょん跳ねる、体をゆするなどの特異な常同行動（つねに同じ行動を繰り返すこと）、ものごとの順序や順番に強くこだわるなどの行動がみられます。

そのほかの特性

感覚過敏・感覚鈍麻

強い光や大きな音などに過剰に反応し、パニックを起こしたり具合が悪くなったりすることがあります。逆に、ふつうには不快に思う音が気にならなかったり、痛みを感じにくかったり、一年中、同じ服を着ていても暑さや寒さに鈍感である場合があります。

アスペルガー症候群

アスペルガー症候群は自閉症の一つですが、自閉症にみられる三つの特性のうち、コミュニケーションの障害がほとんどみられません。

アスペルガー症候群の特性

① 言葉の発達に遅れがない

言葉の遅れがなく、むしろ早い場合もあります。また、年齢の割に大人びた話し方やていねいな話し方をする場合もあります。ただ、言葉を表面的に受け取りやすいので、いやみや皮肉などを理解することはむずかしい場合が多いです。

② マイペースな対人行動

他人と関わることはできますが、自分の言いたいことを一方的に話したり、相手の気持ちや状況を考えないなどマイペースな行動が目立ち、対人・対社会的関係をうまく築くことができません。

③ 興味のかたより

興味が極端にかたよっており、興味がないことはやらないなど、融通がきかない面があります。また、ファンタジーにのめりこむ、自分だけのルールや儀式的な行動にこだわるなどの行動もみられます。

④ 不器用

手先が不器用だったり、同時に二つの動作をこなすような運動が苦手だったりします。

広汎性発達障害（自閉症スペクトラム障害）

広汎性発達障害は、自閉症と自閉症に似た障害を包括する広い意味での自閉的な発達障害群の総称です。その特性の内容や状態は多様で広汎に及ぶことから、広汎性発達障害といわれています。

自閉症には、知的障害をともなわない高機能自閉症やアスペルガー症候群といった例から、重度の知的障害をともなう例までありますが、それらの境界があいまいであることから、近年ではこれらを連続した一つのものとしてとらえる意味で「自閉症スペクトラム障害（ＡＳＤ）」と呼ぶことが多くなっています。

広汎性発達障害の特性

- ○ 社会的やりとりの障害
- ○ コミュニケーションの障害
- ○ こだわり行動
- ○ 想像が困難
- ○ 感覚過敏・感覚鈍麻
- ○ 運動全般が苦手

注意欠陥多動性障害（注意欠如多動性障害・ADHD）

注意欠陥多動性障害（ADHD）は、三つの基本的な特性がみられます。

① 不注意

集中力や注意の持続がむずかしいことから、忘れ物が多い、なくし物が多い、時間にルーズ、計画を立てたりものごとを順序立てて行ったりすることが苦手などの特性があります。

② 多動性

じっとしていることが苦手で落ち着きがありません。そのため、手足を落ち着きなく動かす、いすにずっと座っていることができない、場所をわきまえずに走り回る、よくしゃべる、突然大声を出すといった行動がよくみられます。

③ 衝動性

周囲の状況や前後のことを考えず、衝動的に行動するシーンが目立ちます。たとえば、順番が待てない、列に割り込む、人の発言を最後まで聞けずに口をはさむ、人の行動に干渉するなどです。

学習障害（LD）

知的発達に遅れはないにもかかわらず、「聞く」「話す」「読む」「書く」「計算する」「推論する」という六つの能力のうち、一つ以上の習得や使用に困難があります。

学習障害の特性

○「聞く」ことの障害

文章の聞き取りができない、会話が理解できない、長い話に集中できないなど

○「話す」ことの障害

ものごとを筋道を立てて話せない、会話に余分な内容が入る、話が回りくどいなど

○「読む」ことの障害

文字を発音できない、間違った発音をする、単語を読み間違える、文章を音読できても意味を理解できないなど

○「書く」ことの障害

文字が書けない、漢字の「へん」と「つくり」を間違う、「てにをは」の誤りが多いなど

○「計算する」ことの障害

数字の位が理解できない、繰り上がりや繰り下がりが理解できない、九九を暗記しても計算に使えないなど

○「推論する」ことの障害

算数の応用問題・証明問題・図形問題などが理解できない、因果関係がうまく理解できない、長文読解が苦手など

その他の発達障害【トゥレット症候群】

トゥレット症候群は、まばたきや激しい首振りなどの「運動チック」と、奇声や咳払いなどの「音声チック」の両方の症状が、1年以上にわたって続く重症なチック障害のことをいいます。本人の意思に反して発作を繰り返すことで、日常生活に支障があらわれたり、周囲の人に誤解されることが多い障害です。

トゥレット症候群の症状

運動チック

- 目をパチパチさせる
- 顔をくしゃっとしかめる
- 首を激しく振る
- 急に跳び上がる
- 急にしゃがむ
- 何かに体をたたきつける　など

音声チック

- 咳払いをする
- 鼻をすする
- 奇声を発する　など

その他の発達障害【吃音（症）】

吃音とは、本人の意思に関係なく、言葉をなめらかに話せない発語障害の一つです。代表的な症状として、言葉の一部を繰り返したり、言葉を間延びさせたりする話し方が知られています。

幼児期から吃音が始まった人の多くは、学童期または成人するまでには症状が消えたり軽くなったりしますが、その後も続くケースもあります。

吃音の特徴的な症状

① 反復

「ぼ、ぼ、ぼ、ぼくは」「あ、あ、あ、明日」というように、言葉の一部を繰り返します。

② 引き伸ばし

「ぼーーーくは」「あーーーーした」というように、言葉の一部を長く伸ばします。

③ ブロック

「っ・・・・ぼくは」「・・・・・明日」というように、言葉の出始めでつまってしまいます。

その他の発達障害 【発達性協調運動障害】

発達性協調運動障害とは、手足の動作など体の動きをコントロールして行う協調運動がうまくできず、日常生活に支障が出る状態をいいます。

たとえば、縄跳びをするときはジャンプする動作と縄を回す動作を同時に行います。キャッチボールをするときは、ボールを目で追って落下点まで移動し、ボールをキャッチします。このような、手と手、手と足、手と目など個別の動きを同時に行う運動を協調運動といい、これが年齢相応にできないとさまざまな困難が生じます。

発達性協調運動障害の特徴

・ものをうまくつかめない
・ハサミなどの道具を上手に扱えない
・文字を書くのに困難が生じる
・スキップや縄跳びがうまくできない
・球技全般が苦手

【知的障害（精神遅滞）】

知的障害（精神遅滞）は、知的機能（知能）の発達に明らかな遅れがある状態をいい、おおむね18歳以下で発症します。日常生活において必要なコミュニケーション、身の回りのこと、対人関係や対社会関係、健康管理や安全管理、必要な学習、就労などに困難をともないます。

知的障害は、すでに別の法律で対応措置がとられているため、発達障害者支援法の定義には含まれていませんが、発達障害者が知的障害を併存しているケースもあります。その程度や状態によっては、支援の種類や幅が変わってくることも考えられるため、具体的な特徴を押さえておくことも大切です。

知的障害の特徴

◯ 読み書きの理解がむずかしい

学習障害と似たような困難がみられます。

◯ 抽象的なものごとの理解がむずかしい

言葉による説明や指示では伝わりにくい可能性があります。そのため的外れな言動をしたり、コミュニケーションがうまくいかないことがあります。

◯ 主体性が弱い

自分で考えて行動することが苦手なので、結果的に人に頼る傾向があります。

◯ 臨機応変な対応がうまくとれない

その場に応じた柔軟な対応がむずかしい。ものごとへのこだわりも強く、対応のしかたを変えられないこともあります。

◯ 感覚過敏または感覚鈍麻

刺激に対する反応が極端に敏感だったり、逆に鈍感だったりする場合があります。

◯ 問題行動

知的障害が重度かつ自閉症が合併している場合は、問題行動が顕著にあらわれます。

発達障害と併存する可能性がある障害

【発達性言語障害】

発達性言語障害とは、難聴や知的発達の遅れ、自閉症スペクトラム障害など特定の原因がなく、運動の発達や非言語性コミュニケーションが良好であるにもかかわらず、言語発達のみが遅れる状態をいいます。具体的には、言葉の理解や表現、文法の構築、単語の選び方など、幅広い言語機能における遅れや困難が生じます。

発達性言語障害には、言葉は理解しているけれど言葉が出てこない「表出性言語障害」と、言葉自体を理解していないために言葉が出てこない「受容性言語障害」の二つがあり、それぞれが独立していることもあれば、二つが重なっていることもあります。

表出性言語障害の症状

コミュニケーション障害の一つで、言葉の出力がむずかしく、年齢相応な話し方ができないなどの症状がみられます。

受容性言語障害の症状

言葉の理解が同年齢の水準を下回る障害です。言葉をうまく使えないので、うまく話すことができません。

発達障害と併存する可能性がある障害

【情緒障害】

情緒障害とは、情緒のあらわれ方がかたよっていたり、あらわれ方が激しかったりするのを、自分の意思ではうまくコントロールできない状態が続き、日常生活や社会生活に支障が生じることをいいます。

　情緒障害のある子どもは、集団行動や学習活動など学校での社会的適応がむずかしくなりがちです。その原因として、自閉症や広汎性発達障害などによる言葉の発達の遅れや対人関係の困難からくる場合と、心理的な要因によって社会的適応が困難になる場合の二つが考えられます。

情緒障害の症状

- **場面緘黙《ばめんかんもく》**
  (特定の場面や状況におかれると話すことができなくなってしまう状態)
- **集団行動や社会的行動をしない**
- **ひきこもりや不登校**
- **指しゃぶりや爪かみなどのくせがある**
- **常同行動**
- **反社会的行動**
- **自傷行為** など

第1章

発達障害がある人のライフステージを支援する法律と制度

発達障害の早期発見・早期支援を後押しする「発達障害者支援センター」

年齢制限がなく継続的な支援が受けられる

発達障害のある子どもが成長し、将来的に自立を目指すうえで、どのような支援を受けられるのかを知っておくことは大切です。障害者への支援のなかで、発達障害者に特化した施策を定めているのが「発達障害者支援法」です。

発達障害は早期に発見し、早期に支援を始めることによって、支援がされない場合よりもその後の成長や社会生活での困りごとが大きく変わってくるといわれています。

発達障害者支援法において、ほかの機関と連携しながら発達障害に関する相談を受けつけたり、早期発見・早期支援を行っているのが「発達障害者支援センター」です。

対象となる年齢に制限はなく、また、発達障害の診断の有無も問わず、0歳から高齢者まで利用でき、継続的な支援を受けることができます。本人だけでなく保護者の相談にも応じてくれます。発達障害に関する情報や専門知識を得ることのできる、頼れる専門機関です。

発達障害者支援センターの四つの役割

役割 1

● 相談支援

本人とその家族、関係機関などから、日常生活におけるさまざまな相談に応じています。必要に応じて、福祉制度やその利用法、保健、医療、教育、労働などの関係機関への紹介も行っています。

役割 2

● 発達支援

本人とその家族、周囲の人の発達支援に関する相談に応じ、家庭での療育方法についてアドバイスします。また、知的発達や生活スキルに関する発達検査などを行ったり、発達障害者の特性に応じた療育や教育、支援の具体的な方法について支援計画の作成や助言を行う場合もあります。

役割 3

● 就労支援

就労を希望する発達障害者に対して、就労に関する相談に応じたり、公共職業安定所（ハローワーク）、地域障害者職業センター、障害者就業・生活支援センターなどの労働関係機関と連携して、情報提供を行います。

役割 4

● 普及啓発・研修

発達障害をより多くの人に理解してもらうために、地域住民向けの講演会を開催したり、発達障害の特性や対応方法などについて解説したパンフレット、チラシなどを作成して、各方面に広く配布することもあります。また、ふだんから発達障害を支援する各関係機関の職員や、都道府県・市区町村の行政職員などを対象に研修を行います。

（資料：国立障害者リハビリテーションセンター　発達障害情報・支援センター）

発達障害の診断を受けることの意味

各種支援やサービスを受けるには診断書が必要

子どもが発達障害かもしれないと感じて医療機関を受診し、診断を受けるもっとも大きな意味は、適切な支援の第一歩になることです。障害者手帳などの取得、各種手当の受給、福祉サービスの活用などには診断書が必要になるためです。

発達障害の受診は基本的に精神科ですが、発達障害の診療を扱っている専門医をたずねる必要があります。子どもが受診するなら、児童精神科や発達外来を扱っている小児科などが適切です。ただ、発達障害が広く知られるようになったことで、受診を考える人が増えています。そのため予約が先までうまっていて、受診するまで数カ月待ちになる場合があることを念頭においておきましょう。

発達障害の場合、診断書がなくても利用できる福祉サービスがあるので、まずは発達障害者支援センターなどの専門機関に相談してから判断するのも方法です。

医療機関の受診から診断までのフロー

①予約する

発達障害の専門医がいる精神科、子どもの場合は児童精神科や発達外来のあるクリニックに予約します。

↓

②診察・問診

発達障害の診断の際には、まず主治医による問診を行います。子どもの場合、保護者や本人、関係者からのヒアリング、言葉の発達、行動の特徴などを観察します。

↓

③各種検査

スクリーニング検査と呼ばれる検査を行います。たとえばＡＳＤの場合、面接形式の検査、ＡＤＯＳ－２と呼ばれる課題を実施してもらう個別的検査などです。また、発達の度合いを調べる発達検査、知的障害の有無を調べる知能検査などを行うこともあります。

↓

④診断

問診や行動観察、各種検査の結果を検討し、医師が総合的に判断します。一回の受診で診断がつくことは少なく、複数回の診察や検査が行われるケースが多いです。

発達障害の診断基準に用いられる「DSM-5」と「ICD-11」とは

診断基準によって診断名が変わってくる場合も

発達障害の診断には、おもに「DSM-5」や「ICD-11」が診断基準として用いられます。

DSM-5は、米国精神医学会が作成した精神疾患の診断・統計マニュアルです。1952年に初版が出版されて以来、数回の改訂をへて現在は第5版ですが、自閉症や広汎性発達障害、アスペルガー症候群などと分かれていた診断を、連続した障害というとらえ方を採用して「自閉症スペクトラム障害（ASD）」という概念を導入しています。

ICD-11は、世界保健機関（WHO）が作成する国際的に統一した基準で定められた疾病分類です。疾病統計の国際比較に加えて、臨床現場や研究などのさまざまな場面での使用を想定して、多様な病態を表現できるようになりました。

どちらの診断基準が用いられたかによって診断名が異なり、また、日本の発達障害者支援法で使用されている発達障害の名称とも異なる部分があることに注意が必要です。

ＤＳＭ－５とＩＣＤ－11の診断名の相違

［ＤＳＭ－５の診断名］

ＤＳＭ－５では、発達障害は「神経発達障害／神経発達症」とも表記され、診断名は７つに分類されています。

- 知的障害（知的能力障害）
- コミュニケーション障害
- 自閉スペクトラム症（ＡＳＤ）
- 注意欠如・多動症（ＡＤＨＤ）
- 学習障害（限局性学習症・ＬＤ）
- 発達性協調運動障害
- チック症

（出典：厚生労働省 e-ヘルスネット）

［ＩＣＤ－11の診断名］

ＩＣＤ－11では、発達障害は「神経発達症群」と定義され、診断名は８つに分類されています。

- 知的発達症
- 発達性発話または言語症群
- 自閉スペクトラム症（ＡＳＤ）
- 発達性学習症
- 発達性協調運動症
- チック症
- 注意欠如多動症（ＡＤＨＤ）
- 常同運動症

（出典：公益社団法人　日本精神神経学会ＨＰ）

発達障害者が「障害者手帳」を取得する意味

障害者手帳があるとさまざまな支援やサービスが受けられる

発達障害と診断されると、知的障害が併存しているかどうかにかかわらず、「障害者手帳」の申請をすることができます。障害者手帳は、身体や知的、精神的な障害があることを証明する手帳です。さまざまな支援やサービスを受けたいとき、役所の窓口に出すことによってスムーズに手続きすることができます。ほかにも、鉄道やバス、美術館や博物館の料金が割引になったり、携帯電話の基本料金が安くなったりするメリットもあります。

一方、手帳がなくても利用できたり、医師の診断書があれば利用できる支援やサービスなどもあります。本人がどんなことに困っているのか、どんな支援やサービスが必要なのかを考えたうえで、取得するかどうかを検討するといいでしょう。

ただ、発達障害の人が受けられる支援やサービスは市区町村によっても異なります。また、年度が変わると支援内容が変更される場合もあるので、最新情報をチェックしましょう。

障害者手帳のメリットと申請手続き

障害者手帳があると

- いろいろな割引が受けられる
- 福祉サービスが受けられる
- 就労支援が受けられる

さまざまな割引や補助

- 鉄道・バス運賃の割引
- 公共施設料金の割引
- 携帯電話料金の軽減
- 医療費の補助
- 税金の軽減

[おもな手続きの流れ]

① 市区町村役場の窓口に申請を出す

② 精神保健福祉センターで審査

③ 等級または非該当の決定

④承認されれば手帳の交付、不承認なら不承認通知書の送付

障害者手帳の種類

障害者手帳には3種類ある

障害者手帳は「精神障害者保健福祉手帳」「療育手帳」「身体障害者手帳」の三つがあります。精神障害者保健福祉手帳は、一定程度の精神障害の状態にあることを認定するものです。なんらかの精神障害によって日常生活や社会生活に制約がある人を対象としていて、発達障害者も対象に含まれます。

療育手帳は、知的障害のある人が申請できる障害者手帳です。知的障害をともなう発達障害者は、精神障害者保健福祉手帳とあわせて取得できる場合があります。療育手帳は、都道府県など各自治体が運用を決めているため、住んでいる地域によって認定基準が異なります。また、自治体によって「愛の手帳」「緑の手帳」「愛護手帳」など名称もさまざまです。

身体障害者手帳は、身体の機能に一定以上の障害があると認められた人に交付される手帳です。

障害者手帳の種類と障害分類

	精神障害者保健福祉手帳	療育手帳	身体障害者手帳
根拠	・精神保健および精神障害者福祉に関する法律	・療育手帳制度について	・身体障害者福祉法
交付主体	・都道府県知事 ・指定都市の市長	・都道府県知事 ・指定都市の市長 ・児童相談所を設置する中核市の市長	・都道府県知事 ・指定都市の市長 ・中核市の市長
障害分類	・統合失調症 ・気分（感情）障害 ・非定型精神病 ・てんかん ・中毒精神病 ・器質性精神障害（高次脳機能障害を含む） ・発達障害 ・その他の精神疾患	・知的障害	・視覚障害 ・聴覚・平衡機能障害 ・音声、言語、咀嚼障害 ・肢体不自由 ・心臓機能障害 ・腎臓機能障害 ・呼吸器機能障害 ・膀胱・直腸機能障害 ・小腸機能障害 ・HIV免疫機能障害 ・肝臓機能障害

（出典：厚生労働省 HP）

「精神障害者保健福祉手帳」や「療育手帳」を申請するには

精神障害者保健福祉手帳の申請には医師の診断書が必要

「精神障害者保健福祉手帳」を申請するには、まず住んでいる市区町村の役所の担当窓口で相談し、必要書類をもらいます。15歳未満の場合は、代わりに保護者が申請します。申請には、精神保健指定医（または治療にあたっている主治医）が記載した診断書の提出が求められます。また、精神科を受診した初診日から6カ月以上たってからでないと申請できません。申請後は判定が行われ、手帳が交付されるまでに通常1〜3カ月程度かかります。

「療育手帳」を申請する場合は、住んでいる市区町村の役所の窓口か児童相談所に相談したうえで、必要書類を用意します。こちらは基本的に医師の診断書などはいりません。18歳未満の場合は、児童相談所で面接や聞き取り、検査などを行ったうえで判定され、承認されれば手帳が交付されます。どちらも取得すれば自動的に支援やサービスが始まるわけではなく、必要な支援やサービスを選んで申請する必要があります。

精神障害者保健福祉手帳と療育手帳の等級

[精神障害者保健福祉手帳]

等級	
1級	周囲の支援がなければ、ほとんど自力で日常生活ができない程度
2級	必ずしも周囲の人の支援が必要ではないが、日常生活は困難な程度
3級	日常生活、社会生活に一定の制限がかかる、もしくは制限をかける必要がある程度

更新▷有効期限は交付日から２年。続けて手帳が必要な場合は、２年に１回更新手続きが必要

[療育手帳]

等級	
重度（A1・1度）	知能指数（IQ）が20以下。日常生活においてつねに支援を必要とする
重度（A2・2度）	知能指数（IQ）が21〜35。日常生活において個別的な支援を必要とする
中度（B1・3度）	知能指数（IQ）が36〜50。助言や指導を受けながら日常生活を送ることができる
軽度（B2・4度）	知能指数（IQ）が51〜おおむね70。基本的な社会ルールを守って日常生活を送ることができる

※等級には地域差があり、また判定基準も多少異なる

更新▷18歳未満では更新や程度の変動があるため２〜６年ごと。東京都では、３歳、６歳、12歳、18歳時。18歳以上は10年〜無期限

発達障害がある人を経済的に支援する国の制度

発達障害と診断されたら受けられる手当がある

発達障害がある人や発達障害のある子どもを育てている家庭にとって、経済的な負担は小さくありません。その負担を軽減するために、国のさまざまな経済的支援制度があります。

発達障害と診断された人が特別児童扶養手当法に基づいて受けられる支援として、特別児童扶養手当、障害児福祉手当、特別障害者手当があります。

特別児童扶養手当は、20歳未満の精神または身体に障害のある児童を育てている保護者を対象に支給されます。1級と2級に分かれ、障害者手帳の等級や医師の診断書で判定されます。

障害児福祉手当は、精神または身体に重度の障害がある20歳未満の児童に、日常生活においてつねに介護が必要な場合、負担の軽減を目的に本人に手当が支給されます。対象になるかどうかは、障害者手帳の等級や医師の診断書で判定されます。

特別障害者手当は20歳以上が対象で、つねに特別な介護が必要な場合に支給されます。

発達障害のある人が受けられる手当

	特別児童扶養手当	障害児福祉手当	特別障害者手当
支給対象	20歳未満で、精神または身体に障害のある児童を家庭で養育している保護者	精神または身体に重度の障害があり、日常生活においてつねに介護を必要とする状態にある20歳未満の人	精神または身体に重度の障害があり、日常生活においてつねに介護を必要とする状態にある20歳以上の人
支給金額	1級：55,350円（月額） 2級：36,860円（月額）	15,690円（月額）	28,840円（月額）
支払時期	原則として毎年4月、8月、12月 に、それぞれの前月分までを支給	原則として毎年2月、5月、8月、11月に、それぞれの前月分までを支給	原則として毎年2月、5月、8月、11月に、それぞれの前月分までを支給
支給条件	障害のある子どもの保護者や生計を同じくする扶養義務者の所得が一定額を超えると支給されません	重度の障害がある本人の前年の所得が一定額を超えた場合や、生計を同じくする保護者の前年の所得が一定額を超えると支給されません。ただし、特別児童扶養手当との併給は可能です	重度の障害がある本人の前年の所得が一定額を超えた場合や、生計を同じくする保護者の前年の所得が一定額を超えると支給されません

知っててお役立ち

COLUMN ❶

日中一時支援

日中一時支援は、障害のある人（子ども）を日常的に世話している保護者や介護者がいない時間帯に、日帰りで一時的に利用できる福祉サービスです。

子どもの場合は、保育園や幼稚園、学校が終わったあとや休日の一時預かりとして実施されているケースが多いです。

日中一時支援は、市区町村が行っている地域生活支援事業の一つなので、サービス利用の方法や利用できる回数などは市区町村が決めています。そのため、自治体によっては月に5回までのところもあれば、月に10回まで利用できるところもあるなど、時間や回数に違いがあります。

活動内容も、おやつをつくったり、部屋の中で遊んだり、外へ散歩に出かけたりと、地域や事業所によってさまざまです。

短期入所（ショートステイ）や放課後支援事業と似ていますが、これらは役割が細かく決められているのに対して、日中一時支援はサービス内容に自由度が高いところが異なります。

また、子どもの見守りだけでなく、保護者や介護者が休息をとったり、ほかの用事をすませるなど負担軽減をはかる「レスパイトケア」も目的の一つとなっています。

第2章

乳幼児期に受けられる支援

「もしかしたら発達障害…？」と不安になったときは

身近な公的機関を活用しよう

子どもの発達で心配なことがあるときや発達障害が疑われるようなときには、相談できる公的な窓口があります。

身近な相談先としてあげられるのは、保健センターです。乳幼児健診を行うところなので健診時の記録があり、また担当の医師や看護師、保健師などと面識がある場合が多く、安心して相談することができます。

子ども家庭支援センターも選択肢の一つです。各市区町村に設置されていて、地域とのつながりを生かした子育て支援を行っており、家庭相談員が対応してくれます。

また、児童相談所は高度な専門性を必要とする相談や児童虐待対応などを扱う機関ですが、発達にまつわる悩みや子育ての苦労など幅広い相談にも対応しています。

いずれも公的機関なので、無料で相談に応じてもらえます。

子どもの発達について相談できる公的機関

● 保健センター

対象となる年齢の制限はなく、乳幼児から高齢者まで利用できます。各市区町村に設置されており、子どもの発達全般や子育てなどの相談に対応しています。

● 子ども家庭支援センター

18歳未満のすべての子どもが対象です。各市区町村に設置されており、子どもや子育て家庭のあらゆる相談に応じてくれる総合相談窓口です。地域の子育てに関する情報もたくさん持っています。

● 児童相談所

障害の有無にかかわらず18歳未満のすべての子どもが対象です。各都道府県・指定都市に設置され、子どもに関するさまざまな問題について、家庭などからの相談を受けつけています。

そのほかの公的な相談機関

■ 発達障害者支援センター

対象となる年齢の制限はなく、乳幼児から高齢者まで利用できます。また、発達障害と診断されていなくても、子どもが発達障害かどうか不安な保護者の相談にも応じています。

■ 精神保健福祉センター

ひきこもりや精神障害など、心の健康相談の窓口で、各都道府県に一つ以上設置されています。

■ 大学に併設された総合相談センター

発達障害についての研究を行っている大学のなかには、発達障害に関する相談窓口を設けているところもあります。

「乳幼児健診」は発達障害の早期発見につながる機会

健診を通じて日ごろの困りごとを相談

日本ではすべての子どもを対象に、定期的な健診が行われています。「母子保健法」で義務づけられているのは、1歳6カ月児健診と3歳児健診で、1歳までの乳児を対象とする健診は自治体の任意ですが、ほとんどの市区町村で3〜4カ月児健診、6〜7カ月児健診、9〜10カ月児健診が行われています。いずれも身体的な発育状況、病気の有無、精神発達の状況、言語障害の有無、気になる事柄などを項目ごとに確認していきます。

1歳6カ月のころは、ちょうど言葉が出始め、ひとり歩きができるようになり、さまざまなものに興味を持ち始める時期です。また、3歳をむかえるころには言葉の理解がすすんで、コミュニケーションの発達や行動の広がりがみられるようになります。それをさまざまな観点から確認し、子どもの成長を見きわめていきます。その過程で子どもの発達障害の早期発見につながる場合が少なくありません。

乳幼児健診でチェックするおもなポイント

3〜4カ月児健診

- □身長、体重、頭囲、胸囲
- □手足の動きや姿勢
- □首はすわっているか
- □発声や笑い声
- □声かけをしたときの反応
- □原始反射
- □股関節のひらきや脱臼の有無

6〜7カ月児健診

- □身体測定
- □寝返りをうつか
- □手をついておすわりができるか
- □顔に布をかけると手で払いのけるか
- □おもちゃへの興味
- □音のする方向を向くか

9〜10カ月児健診

- □ハイハイ、つかまり立ちなどの運動機能
- □離乳食のすすみ具合
- □指で小さなものがつまめるか
- □マンマン、ダダなどの喃語は出るか
- □パラシュート反射がみられるか

1歳6カ月児健診

- □身体測定
- □聴力検査、歯科検診
- □ひとり歩きができるか
- □積み木を重ねられるか
- □興味のあるものを指さすか
- □意味のある単語を言えるか

3歳児健診

- □身体測定や身体機能のチェック
- □名前が言えるか
- □二語文が出るか
- □視線を合わせられるか
- □会話が成立するか

「児童発達支援」は未就学の子どもを支えるサービス

生活スキルやコミュニケーション力をつける支援を行う通所施設

児童福祉法に基づいた障害福祉サービスに「児童発達支援」があります。未就学の障害のある子どもを対象に、基本的な生活スキルやコミュニケーション力をつけるための支援を提供します。おもに「児童発達支援センター」と「児童発達支援事業所」の二つがあります。

児童発達支援センターは、障害のある子どもが通所して療育を受けたり、その家族への援助や助言なども行っている地域の中核的な支援機関の役割を担っています。

児童発達支援事業所は、利用者が通いやすいように地域に多く設置されていて、児童発達支援センターよりも身近な療育の場といえます。ほかにも、医療型児童発達支援センターといって、医療が必要な障害のある子どもに発達支援と医療的ケアを行う施設もあります。

いずれも障害者手帳の有無にかかわらず、市区町村と医師が必要と判断すれば利用することができます。相談したうえで利用を検討するといいでしょう。

児童発達支援センターと児童発達支援事業所の役割

児童発達支援は大きく、児童発達支援センターと児童発達支援事業所の二つに分かれます。どちらも似た機能を持っていますが、一部の役割が異なるほか、児童発達支援センターはおおむね人口10万人に対して１カ所以上の設置に対して、児童発達支援事業所は中学校区に１カ所以上の設置と数が多く、通いやすくなっています。

児童発達支援事業所

児童発達支援センター

児童発達支援

- 障害のある子どもが通所利用できる身近な地域で療育を行う
- 障害のある子どもだけでなく、その家族に対してもサポートやアドバイスを行う

＋

地域支援

- 保育園などの訪問支援
- 障害のある子どもの相談支援

＋

医療機能

- 医療型児童発達支援センターでは、発達支援とともに医療ケアも行う

所得ごとの負担上限月額

世帯の収入状況	負担上限月額
生活保護受給世帯	0円
市町村民税非課税世帯	0円
市町村民税課税世帯 (年間所得がおおむね890万円未満)	4,600円
上記以外 (年間所得がおおむね890万円以上)	37,200円

「通所施設」を利用するまでの流れ

利用には通所受給者証が必要

児童発達支援の通所施設は年々増加し、それぞれ特色のある療育やサービスを提供するところが登場しています。

通所施設の利用には障害者手帳は必ずしも必要ではありませんが、「通所受給者証」を取得する必要があります。通所受給者証は、この章のあとで説明する保育所等訪問支援や、第3章で説明する放課後等デイサービスの利用時にも必要となります。

利用したいときはまず、住んでいる市区町村の窓口や保健センター、児童相談センターなどに相談して、地域にある通所施設の情報を提供してもらったり、具体的な支援のイメージがある場合は希望を伝えます。市区町村によって受給者証の申請の流れや必要書類が異なる場合もあるので、確認しておくといいでしょう。

次に通所施設をいくつか見学してみて、希望に合うところが見つかったら、利用可能かどうか空き状況を確認し、内諾をもらいます。

申請には障害児支援利用計画案が必要

市区町村に通所受給者証を申請するには、「障害児支援利用計画案」が必要になります。子どもの心身の状態や課題、保護者の意向などの聞き取りを行ったうえで、市区町村が指定する相談支援事業者の相談支援専門員が作成にあたります。ただ、自治体によっては保護者がつくった「セルフプラン」が認められるケースもあるので、あらかじめ窓口で確認しておくといいでしょう。

申請を受けつけると、通所受給者証の発給要件を満たしているか、月に何回の利用が適切かなどについて検討が行われます。必要に応じて親子と面接の場を設けて、子どもの状況について聞き取りを行う場合もあります。

その後審査が行われますが、通所受給者証が交付されるかどうかが決まるまで１〜２カ月かかることもあります。

通所施設利用にあたって障害児支援利用計画を作成

審査の結果、通所受給者証が交付されたら、通所施設と契約して利用が始まります。受給者証には利用できるサービスの量（利用日数）が記載されているので、それにそって通所施設と連携しながら「障害児支援利用計画」を作成します。これは具体的にどのようなサービスで支援していくかを決めるものです。

障害児支援利用計画は、一定期間ごとに相談支援事業者の相談支援専門員がサービスの利用状況の検討を行います。そこでサービス内容が適切かどうかを検証し、必要に応じて利用計画の見直しが行われます。

通所施設を利用するまで

通所施設を利用するまで、どのような手続きをふめばいいのか、大まかな流れをつかんでおきましょう。住んでいる地域によって、手続きに必要なものが異なる場合もあるので、あらかじめ確認しておくと安心です。

① 市区町村の福祉窓口や保健センターなどに相談

子どもの困りごとやどんなサービスを利用したいのかなどについて相談します。子どもの状況を聞かれることが多いので、スムーズに答えられるようにしておくといいでしょう。

持っていくとよいもの

- 母子手帳
- 過去に子どもの発達に関して相談した履歴
- 検査の受診歴　など

② 通所施設の見学・相談

通所を希望する施設をいくつか見学します。その際、利用について具体的な相談をします。

施設見学のポイント

・子どもに合いそうかどうか
・療育内容が家庭の方針と合っているか
・通いやすいか　　・設備はどうか
・スタッフの印象
・施設に通うほかの子どもたちの様子　など

③ 障害児支援利用計画案を作成

利用したい施設が決まったら、市区町村の指定する障害児相談支援事業者の相談支援専門員に障害児支援利用計画案を作成してもらいます。

④ 通所受給者証を申請

通所受給者証を取得するために、市区町村の福祉窓口に申請します。必要書類は市区町村によって異なるので、前もって確認しておきましょう。

用意するもの

・障害児通所給付費支給申請書
・障害児支援利用計画案
（またはセルフプラン）
・前年度の所得等を証明する書類　など

⑤ 調査・審査

通所受給者証を発給するための利用要件を満たしているか、子どもに必要と考えられる適切なサービスの量（日数）について検討されます。

⑥ 通所受給者証の交付

通所受給者証が交付され、受けられるサービスの量が決まります。

⑦ 施設と契約・サービス開始

市区町村の指定する障害児相談支援事業者の相談支援専門員に障害児支援利用計画を作成してもらい、施設と契約して利用が始まります。

通所施設での療育内容や目標を明確にする「個別支援計画」

子どもの成長発達記録としての側面も

通所施設での療育が決まったら、事業所の児童発達支援管理責任者によって作成されるのが「個別支援計画」です。通所受給者証が交付されたあとに作成した障害児支援利用計画が総合的な支援計画であるのに対して、個別支援計画はそれぞれの事業所が提供するサービスや目指すべきゴールが具体的に盛りこまれます。

作成にあたっては、管理責任者が利用する子どもや保護者の希望、日常生活の状況などを確認し、どのような支援が適切かを事業所内のスタッフが集まって話し合ったうえで、子どもや保護者の同意を得て完成します。

また、個別支援計画は一度作成したら終わりではなく、一定期間ごとにモニタリングが行われ、必要に応じて見直しされます。したがって、個別支援計画は子どもの成長発達記録ともいえ、就学後に子どもの支援に関わる各機関での情報共有にも役立ちます。

個別支援計画書を作成するポイント

- 利用する子どもや保護者が希望する生活の実現を目指して計画を立てる
- 子どもに努力を求めるのではなく、どのように支援すれば目標達成できるかを考える
- 児童発達支援管理責任者だけでなく、事業所のスタッフ、子どもや保護者を交えて話し合う
- 最低でも６カ月ごとに見直しを行う

個別支援計画書を作成する流れ

手順1　アセスメント（面談）

作成にあたっては、まず児童発達支援管理責任者と子どもと保護者によるアセスメントを行います。

手順2　原案の作成

アセスメントの内容をもとに、児童発達支援管理責任者は個別支援計画書の原案を作成します。

手順3　カンファレンス（担当者会議）

個別支援計画書の原案をもとに、事業所で子どもと関わるスタッフ全員を交えてカンファレンスを行います。

手順4　個別支援計画書の作成

カンファレンスで出された意見や要望などをふまえて内容を練り上げ、子どもや保護者の同意を得たうえで最終的な個別支援計画書を作成します。

手順5　モニタリング

個別支援計画書を作成したあと、最低でも６カ月に１度のペースでモニタリングを行います。モニタリングでは、目標は達成できているか、計画の内容で適切な支援が提供できているかなどを検討し、必要に応じて見直しを行って内容を更新していきます。

集団生活を送るためのサービス①「保育所等訪問支援」

集団生活を楽しく快適にすごせるように支援

発達障害のある子どもの場合、社会性の欠如やコミュニケーションの特性により、集団生活にうまくなじめないことが考えられます。そんなときに利用できるのが、「保育所等訪問支援」です。

保育所等訪問支援は、児童福祉法に基づくサービスの一つです。障害のある子どもが保育園や幼稚園などで集団生活を送るなかでさまざまな困りごとが生じたとき、専門知識を持った訪問支援員が保育園などを訪問し、子どもの様子を観察して、どんなことに困っているのか、その原因はなにかなどを分析します。そしてなにをどう改善すれば困らなくてすむようになるかを考え、子どもが集団生活を楽しく快適にすごせるようにサポートします。

保育所等訪問支援は、保護者からの依頼によって提供されるサービスなので、必要を感じる場合は検討してみるといいでしょう。

保育所等訪問支援のサービス内容

［訪問先］

保育園　認定こども園　幼稚園　小学校

特別支援学校　乳児院　児童養護施設　など

［利用対象］

保育園や幼稚園、小学校などに在籍している18歳までの子どもが対象です。集団での生活や適応に支援が必要なら、診断書や障害者手帳のあるなしに関係なくサービスを受けられますが、サービスを利用するには通所受給者証の取得が必要になります。

［費用］

通所受給者証を利用してサービスを受ける場合、かかった費用の9割を自治体が負担し、１割が利用者の負担となります。

［サービスの利用法］

保護者が自治体の窓口で通所受給者証を申請します。障害児相談支援事業者や保育所等訪問支援事業者との書類のやりとりをへて、通所受給者証が交付されたら支援が始まります。

集団生活を送るためのサービス② 「加配制度」

保護者の申し出によってサービスが受けられる

「加配制度」は、保育園や幼稚園などにおいて、障害のある子どもや集団生活を送るうえで困難を抱える子どもに対して支援を行えるように、通常の職員に加えて保育士や幼稚園教諭を配置する制度です。

保育園や幼稚園が必要を感じて独自に実施しているケースと、保護者からの申し出があって実施しているケースがあります。後者の場合、保護者から申し出があった時点で、加配保育士を配置したり、環境整備を行ったりします。

国も加配制度を実施している施設に対してさまざまな支援を行っています。たとえば、補助金制度の療育支援加算や、障害のある子どもを受け入れる特定地域型保育事業所への補助金制度の障害児保育加算、保育士のキャリアアップを支援する保育士等キャリアアップ研修などですが、今後、加配制度のニーズは年々高まっていくことが予想されています。

加配制度の支援内容

[支援内容]

加配保育士が個別の支援計画を作成し、子ども一人ひとりに合った支援を実施しています。市区町村によっても異なりますが、発達支援にくわしい専門家が保育園などを巡回したり、専門家のアドバイスをもとに支援を行ったりします。

[日常生活の自立の支援]

トイレや手洗い、衣服の着替え、食事のときに正しくスプーンを使うなど、日常生活における基本的な動作をスムーズに自分一人でできるようにサポートします。

[集団生活における支援]

発達障害の特性のために、なかなか集団になじめなかったり、友だちとの間にトラブルが起こりやすい子どもに対して、加配保育士が介入して支援を行うことで、集団行動になれたり、友だちとコミュニケーションがとれるように支援をします。

[保護者へのサポート]

加配保育士は子どもだけでなく、保護者の子育てにまつわる相談を受けたり、困りごとにアドバイスしたりもしています。

[加配制度を利用するには]

加配保育士をつけてほしいときは、保護者の申請が必要です。申請を受けて保育園が市区町村に申請を行い、加配保育士の手続きや整備を行うため、できれば入園前の段階で保育園に相談することが望ましいといえます。

入園後に、子どもの発達障害に気づいたり、保育士から子どもの特性について指摘があり、加配制度を利用したい場合は、その時点で申し出ることもできます。申請については市区町村によって異なる場合があるので、自治体の窓口に問い合わせてみるといいでしょう。

障害のある子どもが入所して生活する「障害児入所支援制度」

福祉型と医療型の２種類がある

子どもの障害が比較的重度で、家庭での養育に行き詰まってしまい、保護者が疲弊してしまったとき、児童相談所の判断により必要が認められた場合、「障害児入所支援」によって子どもが施設に入所して生活するしくみがあります。

入所施設には、福祉型障害児入所施設と医療型障害児入所施設があります。

福祉型の施設では、日常生活に必要な動作や基本的な生活リズムを身につけたり、身体能力や生活能力を伸ばす訓練などが行われます。医療型の施設では、福祉型施設でのサービスに加えて、治療も行われます。いずれの施設も利用できるのは18歳までです。

障害のある子どもに対する施設は、以前は障害種別ごとに分かれていましたが、複数の障害に対応できるように、２０１２年より一元化が行われました。ただ、これまでと同じように、障害の特性に応じたサービスを受けることもできます。

障害児入所施設のサービス概要

［対象者］

- 身体に障害のある児童、知的障害のある児童または精神障害のある児童（発達障害も含む）
- 医療型に関しては、知的障害児（自閉症児）、肢体不自由児、重症心身障害児
- 児童相談所、保健センター、医師等に療育の必要性が認められた児童
- 障害者手帳の有無は問われません

［サービス内容］

〈福祉型障害児入所施設〉

- 食事、排せつ、入浴などの介護
- 日常生活における相談支援やアドバイス
- 身体能力、日常生活能力の維持・向上のための訓練
- レクリエーション活動などの社会参加活動支援
- コミュニケーション支援

〈医療型障害児入所施設〉

- 福祉型障害児入所施設のサービス
- 病気の治療
- 看護
- 医学的管理下での食事、排せつ、入浴などの介護

［利用費用］

・世帯の所得に応じた負担があります
・食費や光熱水費、日常生活用品などの費用は必要です

［申請手続き］

・住んでいる自治体の児童相談所に相談
・利用の可否については児童相談所が調査・判断します

知っててお役立ち

COLUMN ❷

相談支援

障害のある子どもが使える福祉サービスは、２０１１年４月に法律が変わり、「児童福祉法」によって決められています。

ただ、福祉サービスや福祉手当など、さまざまな制度があることがわかっても、子どもに必要なものはなにか、どう選べばよいのかわからない場合も少なくありません。

福祉サービスや福祉手当などを利用するときや、生活に困ったことがあるときには、「相談支援」というお手伝いを受けることができます。

相談するのはまず、市区町村の役所の窓口です。障害福祉、健康保険、年金、税金、その他さまざまな相談を受けつけています。

また、役所から委託を受けて障害のある人の相談を専門に受けつけている福祉施設もあるので、役所の窓口に聞いてみるといいでしょう。

相談支援は何度使っても無料なので、気軽に相談してみましょう。

第3章

小学校～中学校で受けられる支援

発達障害のある子どもの就学先の選び方

就学先は特性を考慮して判断する

発達障害のある子どもの就学先を考える際、大きく普通学校と特別支援学校という二つの選択肢があります。

普通学校には、通常のカリキュラムを一般の子どもたちといっしょに受ける通常学級、特性のある子どもが週に数回通って指導を受ける通級指導教室、軽度の知的障害や発達障害のある子どもを対象に学校内に設置された特別支援学級があります。知的障害や重度の発達障害、心身に障害のある子どもたちを対象にしているのが特別支援学校です。

特性や障害の程度は一人ひとり異なるので、一概にどの学校がいいとはいえません。早めに学校や学級を見学して、学校の支援体制や教育方針を確認しておきましょう。

入学に際しては、各市区町村が行う就学時健診をへて、教育委員会が子どもの特性を考慮した適切な学校を選べるように、就学指導を行う場合があります。その際、子どもが学校で楽しく過ごすことができるかどうかが、学校選びにおけるポイントとなります。

特別支援教育は特性に応じた支援が受けられる

障害のある子どもが能力や可能性を伸ばし、将来自立して生きていくために必要な力を養うには、一人ひとりの特性に応じたきめ細かな教育を行う必要があります。障害の状態に応じて、特別に配慮された教科書や教材、専門知識や経験のある教員、障害に配慮された施設や設備などを活用して指導を行うのが、特別支援教育です。

発達障害も特別支援教育の対象となり、診断が確定していなくても、子ども一人ひとりの特性やニーズに応じた指導が受けられるようになりました。

第一の選択肢は、通常学級に在籍して週に数時間だけ通級指導教室に通う方法、第二は特別支援学級で一人ひとりの状況に合わせた指導や支援を受ける方法です。そして第三の選択肢が特別支援学校で、発達障害の場合は、知的障害をともなっていて社会生活への適応がむずかしい場合に対象になります。

子どもに合った就学先を選び、入学後に必要な支援を受けるには、学校や特別支援教育コーディネーターに相談します。各地域の教育委員会に設置された専門家チームと特別支援教育コーディネーターが連携して適切な教育支援を検討し、具体的な指導が行われます。

交流あり

特別支援学校（小学部・中学部・高等部）

心身の障害が比較的重度の子どものための学校です。発達障害の場合、知的障害が併存しているような子どもを対象に、学習面・生活面の困難の解消を目指す教育が行われています。普通学校とは別に設置されており、多くは小学部から高等部まであります。普通学校とは教育課程が違い、生活面における学習が充実しているのが特徴です。

- 視覚障害
- 聴覚障害
- 知的障害
- 知的障害をともなう発達障害
- 肢体不自由
- 病弱・身体虚弱

交流あり

普通学校（地域の小・中学校）

通常学級

通常の学校に設置されている学級です。通常学級でも、子どもの特性に配慮した支援が行われていますが、子どもの人数が多い分、支援は少ない傾向にあります。

通常学級 ＋ 通級指導教室

通級指導教室は地域の小・中学校のなかに設置されている教室で、「通級」とも呼ばれています。通級は、通常学級に在籍している子どもが、ふだんは通常学級で授業を受け、週に数時間利用します。通級では、子どもの学習面や生活面におけるさまざまな課題のなかで、本人が個別指導を必要としている部分の教育が実施されます。

- 自閉スペクトラム症
- 注意欠如・多動障害
- 学習障害
- 言語障害
- 情緒障害
- 弱視
- 難聴
- 肢体不自由　　など

交流あり

特別支援学級

地域の小・中学校の中に設置されている学級です。「支援級」とも呼ばれています。特別支援学校と同じように、発達障害の子どもに対して学習面や生活面でのサポートが行われます。支援級では、在籍している子どもが通常学級の授業に参加することもあります。

- 知的障害
- 言語障害
- 肢体不自由
- 弱視
- 難聴
- 自閉スペクトラム症
- 情緒障害

長期的な支援のための「個別の教育支援計画」

子どもを生涯にわたって継続的に支援する

個別の教育支援計画は、障害のある子ども一人ひとりの特性や状態に合わせて、乳幼児期から学校卒業までを長期的な視点に立って教育的に支援するために作成するものです。特別支援教育の柱となるものといえるでしょう。

個別の教育支援計画は、学校が中心となって、子どもと保護者、医療や福祉、保健、労働などの業務を行う関係機関と連携しながら作成されます。子どものニーズや目標、それに沿った支援方法が記され、関係機関で情報を共有できます。進級や進学するときにそれまでの経過や支援内容が引き継がれ、継続的な支援が可能になります。

個別の教育支援計画は、子どもの成長や状況の変化に合わせて学期ごとや年度ごとに評価し、見直しが行われます。その手順や形式などは学校によって異なりますが、保護者になにか希望がある場合は見直しを求めることもできます。

個別の教育支援計画に盛りこまれること

個別の教育支援計画を作成するメリット

個別の教育支援計画は、障害のある子どものそれぞれの年代における望ましい成長を促すために、乳幼児期→小学校→中学校→高校→大学・成人と引き継いだ内容をふまえて作成されます。さらに、作成したら終わりではなく、子どもの状況などをふまえて見直しが行われます。そうすることで子どもを生涯にわたって継続的に支援していきます。

（資料：文部科学省「初めて通級による指導を担当する教師のためのガイド」
個別の教育支援計画と個別の指導計画より）

だれもが通常学級で学べる「インクルーシブ教育」

障害があっても通常学級で支援が受けられる

インクルーシブとは「包括的な」という意味で、インクルーシブ教育は国籍や人種、言語、性差、経済状況、宗教、障害の有無などにかかわらず、すべての子どもがともに学べる環境のなかで教育を行うことをいいます。

日本における障害のある子どもの教育は、長らく障害のない子どもとは分けて別の場所で行うことを前提とし、養護学校や特殊学級などで行われてきました。しかし、93年に通級による指導が始まり、04年には特殊教育は特別支援教育へと転換しました。各校に特別支援教育コーディネーターを配置することで、通常の学級でも支援が受けられるようになってきました。

インクルーシブ教育は、障害の有無にかかわらず、だれもがいっしょに学べるしくみを構築し、理解し合うことで多様性が尊重される共生社会の形成を目指すものです。

インクルーシブ教育の取り組み

インクルーシブ教育では、すべての子どもたちが平等に学ぶために合理的配慮を行います。合理的配慮は、次のページでくわしく説明しますが、障害のある子どもが他の子どもと平等に教育を受けられる権利を確保するために、状況に応じた適切な調整や配慮を行うことです。具体的には、

- 子どもを支援する教員やスタッフの配置
- 適切な施設や設備の整備
- 子どもそれぞれの状況に応じた指導計画の立案や授業を実施

などを指します。

インクルーシブ教育が実現・定着すると、障害のある子どもにとっては学びの機会が増えて、成長や自立に向けたいい影響が期待できます。教員にとっても教育スキルの向上や意識の変化が出てきますし、障害のない子どもにとっても、障害に対する偏見をなくし、理解や思いやりの心を育むことにつながります。

インクルーシブ教育の実現に向けた課題はまだ少なくないのが現状ですが、多様性を理解し、認め合う社会をつくるうえで、必要不可欠な取り組みといえます。

学校に義務化されている「合理的配慮」

既存の環境を子どもに合わせて整備する

「合理的配慮」は、障害のある子どもがほかの子どもたちと平等に学ぶことができるように、その子にとって必要な支援やルールの変更、環境の調整などを提供することで、インクルーシブ教育を実現するには欠かせないものです。

たとえば発達障害があって読み書きがむずかしい子どもには、拡大教科書やタブレットなどを利用して勉強できるようにしたり、感覚過敏がある子どもには対策機器の使用を認めるなど、特性に合った教え方、方法、設備や環境を整えるものです。

そもそも子どもたちがものごとを学んでいく過程は、特性の有無にかかわらず、一人ひとり違います。そう考えると、子どもを既存の環境に合わせるのではなく、既存の環境を子どもたちに合わせるという発想が求められます。そうしたことをふまえ、道具などをうまく活用しながら、多様性を認める環境づくりを進めることが今後ますます重要になります。

子どもの特性に合わせた合理的配慮の実例

実例１　「書く」ことが苦手なＬＤの子ども

対策

・パソコンやタブレットの使用を認める
・カメラやスマホで板書の撮影を認める

実例２　感覚過敏で大きな音が苦手なＡＳＤの子ども

対策

・イヤーマフ、耳栓、ノイズキャンセリングヘッドフォンなどの着用を認める

実例３　授業中に気が散りやすいＡＤＨＤの子ども

対策

・外が見える窓側や廊下側の席から、前列の中央あたりに席替えする

実例４　集団のなかにいると緊張しやすいＡＳＤの子ども

対策

・仕切りのある机を用意する
・様子を見ながら保健室で一人になれる時間を設ける

発達障害のある子どもに向けた「自立活動」

特別な場では特別な支援や指導が受けられる

「自立活動」は、特別支援学校の学習指導要領で、「個々の児童または生徒が自立を目指し、障害による学習上または生活上の困難を主体的に改善・克服するために必要な知識・技能・態度及び習慣を養い、もって心身の調和的発達の基盤を培う」ことと定義されています。これは特別支援教育の基礎となる指導であり、通常の教育では実施することのない領域であることから、「特別の指導」とも呼ばれています。

　その柱となる資質や能力とは、

- なにを理解しているか、なにができるのか（知識・技能）
- 理解していることやできることをどう使うか（思考力・判断力・表現力など）
- 社会とどのように関わり、よりよい人生を送るか（人間性など）

の三つです。

発達障害のある子どもは、特性のために日常生活や学習においてさまざまな困難やつまずきが起こることが予想され、ほかの子どもと同じように指導をしていては、三つの要素を育んでいくには不十分です。

そこで各科目の指導に加えて、自立活動を行うことで三つの育成を促します。

特別な場では特別な支援や指導が受けられる

自立活動の対象になるのは、特別支援学校や特別支援学級に在籍している子どもだけではありません。通常の学級に在籍している子どもでも、特別な支援が必要な子どもであれば、状況に応じて自立活動の内容を参考にして指導にあたることがあります。

ただ、発達障害の場合はその特性が理解されるようになってからそう時間がたっていないため、自立活動が十分に設定されていないケースもみられます。

また、生活面での困りごとの改善より、学習面の改善や向上ばかりに目が向いて、通常学級の補習的な取り組みとしてとらえられている場合も少なくないのが現状です。

一人ひとりの教育ニーズに応じて、人間関係やコミュニケーションなど生活面におけるニーズにも対応できるようになることが今後ますます求められるでしょう。

自立活動は、人間としての基本的な行動を遂行するために必要な要素と、障害による学習上や生活上の困難を改善・克服するために必要な要素で構成され、具体的には6区分27項目に整理されています。障害のある子ども一人ひとりの状態に合わせて、27項目から必要な要素を選んで指導を構築していくことになります。

自立活動

1 健康の保持

○生活のリズムや生活習慣の形成
○病気の状態の理解と生活管理
○身体各部の状態の理解と養護
○障害の特性の理解と生活環境の調整
○健康状態の維持・改善

自立活動

2 心理的な安定

○情緒の安定
○状況の理解と変化への対応
○障害による学習上または生活上の困難を改善・克服する意欲

自立活動

3 人間関係の形成

○他者との関わりの基礎
○他者の意図や感情の理解
○自己の理解と行動の調整
○集団への参加の基礎

自立活動

4 環境の把握

- ○保有する感覚の活用
- ○感覚や認知の特性についての理解と対応
- ○感覚の補助及び代行手段の活用
- ○感覚を総合的に活用した周囲の状況についての把握と状況に応じた行動
- ○認知や行動の手がかりとなる概念の形成

自立活動

5 身体の動き

- ○姿勢や運動・動作の基本的技能
- ○姿勢保持と運動・動作の補助的手段の活用
- ○日常生活に必要な基本動作
- ○身体の移動能力
- ○作業に必要な動作と円滑な遂行

自立活動

6 コミュニケーション

- ○コミュニケーションの基礎的能力
- ○言語の受容と表出
- ○言語の形成と活用
- ○コミュニケーション手段の選択と活用
- ○状況に応じたコミュニケーション

思春期に起こりやすい「二次障害」への対処

自己肯定感の低さからくる二次的な障害

発達障害のある子どもは、特性のためにさまざまな問題が起こりがちです。それによって本人が受ける過剰なストレスやトラウマなどが引き金となって起こる状態や問題行動を「二次障害」といいます。

二次障害が起こりやすいとされるのが、小学校高学年から中学校にかけてのいわゆる思春期です。第二次性徴をむかえて男女ともに心身にさまざまな変化が起こり、自我が芽生え始めるころですが、発達障害のある子どもはその変化にとまどい、うまく対応できずに自己肯定感（自分の価値や存在意義を肯定できる感情）がなかなか育まれません。その結果、心身症や自律神経症状、無気力やうつ状態、強い反抗、ひきこもりや不登校といったさまざまな問題やトラブルが起こる場合があります。

このようなときは学校や専門機関などに相談して、適切に対処することが重要です。

二次障害を引き起こす要因

●周囲の発達障害への無理解

・子どもを強くしかる
・子どもに否定的な態度で接する

●生活習慣の乱れ

・昼夜逆転など生活リズムの乱れ
・食生活の乱れ

●学校のサポート体制の不備

・いじめを受けている
・仲間外れにされる

●地域社会での孤立

・地域のなかで孤立している
・同級生の親から陰口を言われる

困ったときの相談先

●教育センターの教育相談

カウンセラーやスクールソーシャルワーカーなど専門知識のある相談員が、保護者からの困りごとを聞いて子どもへの心理的援助や親子カウンセリングなどを行います。また、必要に応じて、地域の関係機関と連携して問題解決に取り組みます。

●適応指導教室

教育センターのなかに、不登校の小・中学生を対象とした適応指導教室が設置されている場合があります。学校と連携しながら、カウンセリングや教科指導、体験活動などを行っています。

特別支援教育の中心を担う「特別支援教育コーディネーター」

子どもの困りごとについて直接相談できる

「特別支援教育コーディネーター」は、保護者や関係機関の窓口として、また、学校内の関係者や福祉・医療の関係機関との連絡・調整役として、子ども一人ひとりのニーズに合わせた支援を行う要の存在です。小・中学校の場合、校長の指名により学校の教諭が担当することが多いようです。

特別支援教育コーディネーターの仕事は、特別な支援を必要とする子どものクラス担任を支援したり、学校内の協力体制をつくったり、外部の関係機関と連携したり、保護者の相談窓口の役割を担うなど多岐にわたります。

子どもの学校での様子が気になるときや支援内容について相談したいとき、あるいは担任に合理的配慮を求めても応じてもらえないときなど、特別支援教育コーディネーターに直接相談することができます。

特別支援教育コーディネーターの役割

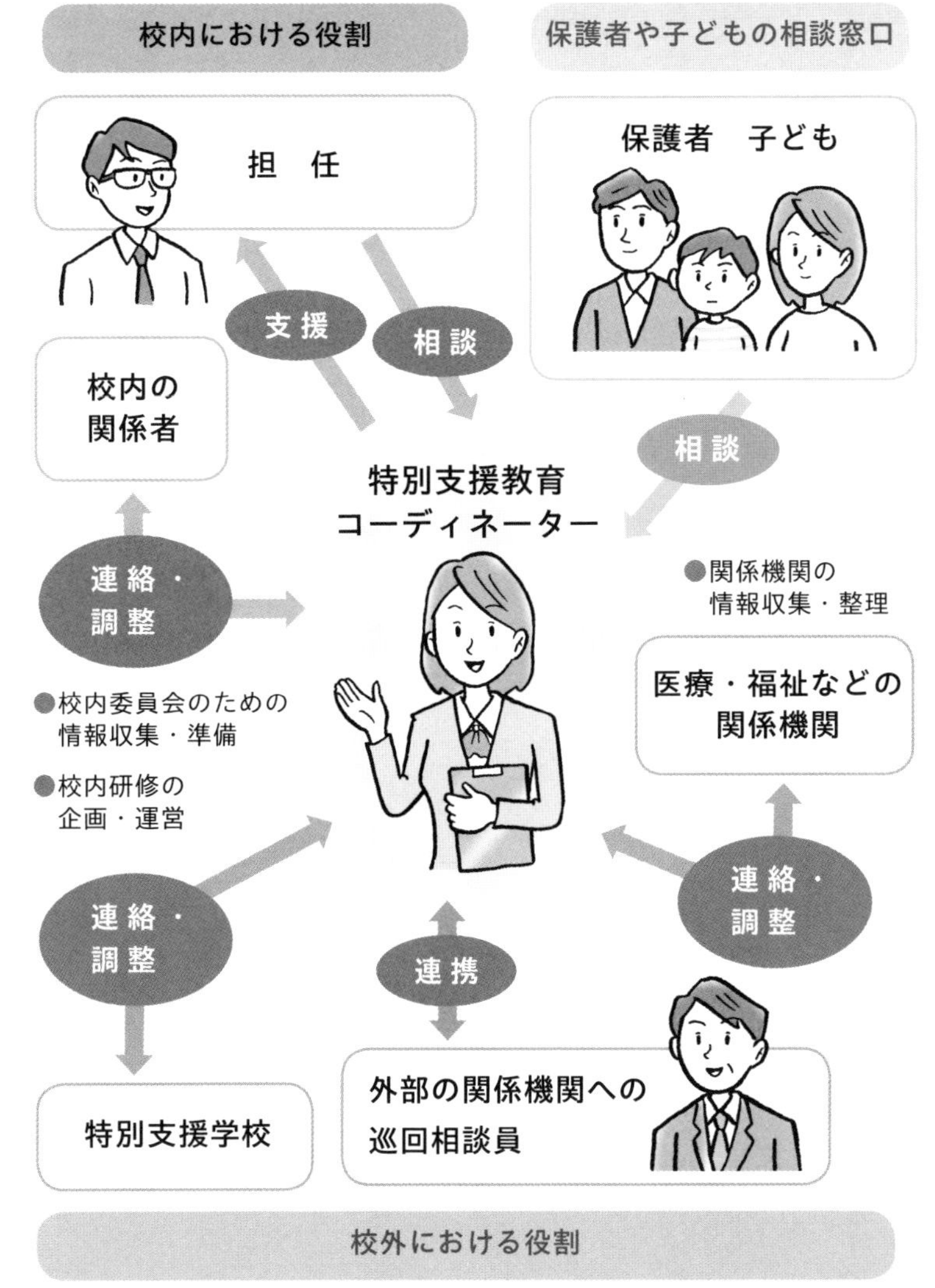

（資料：文部科学省「特別支援教育について」より）

「巡回相談」は子どもを地域全体で支えるインクルーシブな支援

発達障害の専門家のアドバイスが得られる機会

「巡回相談」は、小・中学校からの要請を受けて巡回相談員が学校を巡回し、支援を必要とする子どもの対応について助言をする制度です。発達障害やその特性のある子どもを一つの施設や教育機関だけで抱え込むのではなく、地域全体で支えるインクルーシブな支援の一つです。

巡回相談員は、一般的に臨床心理士や臨床発達心理士、特別支援教育士などの資格を持ち、発達障害に関する知識のある人が担当しています。学校などを訪問して子どもの発達状況や行動の様子を把握したうえで、保護者の不安や困りごとを聞き、支援の方向性を提案したりします。

巡回相談をどのように実施しているかは各自治体によって異なります。相談をしたいことがある場合、まず担任や特別支援教育コーディネーターにたずねてみるといいでしょう。

巡回相談のしくみ

巡回相談の役割

▷対象となる子どもや学校のニーズの把握と指導内容・方法に関する助言
▷校内における支援体制づくりの助言
▷個別の指導計画の作成への協力
▷専門家チームと学校の間をつなぐ
▷校内での実態把握の実施への助言
▷授業場面の観察　など

放課後や長期休暇に利用できる通所施設「放課後等デイサービス」

〝できること〟を増やす支援が行われる

「放課後等デイサービス」は、障害や発達に特性があって支援を必要とする子どもが、放課後や長期休暇に利用できる、児童福祉法で定められた福祉サービスです。小学生から高校生まで利用できます。

放課後や休日、夏休みや冬休みなどでも、子どもの生活能力を伸ばすための訓練や、社会との交流の促進、学習指導などが行われます。学校でも家庭でもない場所で、児童発達支援管理責任者や児童指導員、保育士などから子ども一人ひとりの心身の状況や特性に合った支援を受けることができます。また、保護者にとっても子育てについて相談できたり、子どものケアを代行してもらうことで自分の時間を確保できるなどのメリットもあります。

サービスを利用するには、障害者手帳の有無は問われませんが、市区町村から通所受給者証の交付を受ける必要があります。まずは自治体に問い合わせてみましょう。

放課後等デイサービスで行われる活動

自立支援と日常生活の充実のための活動

子どもが意欲的に関われるような遊びを通して、成功体験を重ね、自己肯定感を育みます。

創作活動

表現する喜びを体験できるようにします。できるだけ自然にふれる機会を設けるなど、豊かな感性を養います。

地域交流の機会の提供

障害のために子どもの社会生活や経験の範囲が制限されないように、子どもの社会経験の幅を広げていきます。

余暇の提供

子どもが望む遊びや自分をリラックスさせる練習など多彩な活動プログラムを用意し、そこから活動を自分で選んで取り組む経験を積んでいきます。

（資料：厚生労働省　放課後等デイサービスガイドライン）

放課後等デイサービスを利用するまで

市区町村に相談
↓
施設の見学・面談
↓
通所受給者証の申請
↓
障害児支援利用計画案の作成・提出
↓
調査・審査
↓
通所受給者証の交付
↓
施設と契約・サービス利用開始

移動が困難な人の外出を支援する「移動支援事業」

受給者証を取得すればサービスを利用できる

子どもをどこかに連れていきたいと思っても、送迎がネックになることが少なくありません。そんなときに役立つのが、移動が困難な人の外出を支援する移動支援事業です。

これは障害者総合支援法に基づく生活支援事業サービスの一つで、療育手帳や障害者手帳の有無にかかわらず、自治体から発行された受給者証を取得すれば利用できます。子どもを公園や映画館に連れていくとき、通所施設の行き帰り、あるいは保護者の病気などで子どもの送迎ができないときなどに活用するといいでしょう。

サービスを利用するには、通所施設を利用するときと同じように通所受給者証が必要となり、手続きの手順もほぼ同じです。ただ、自治体によって利用対象となる障害種別が異なる場合があります。くわしくは住んでいる市区町村に問い合わせ、利用条件を満たすかどうかを確認してみましょう。

移動支援の方法

● 個別支援型

個別の支援が必要な場合は、マンツーマンによる移動支援が行われます。移動の際には、バス、電車、タクシーなど、公共交通機関を原則として使います。

● グループ支援型

複数のサービス利用者がいる場合には、複数人の同時支援が行われます。たとえば、行先が同じである場合や、複数人が同じイベントに参加するような場合です。

● 車両移送型

福祉バスなど車両の巡回による送迎です。公共施設、駅、福祉センターなど障害がある人が利用する可能性の高い場所を通って運行しています。

移動支援の利用時間

移動支援事業では、１カ月に利用できる時間の上限が自治体ごとに決められていて、自治体ごとに大きな幅があります。また、障害種別や年齢によって上限を決めている自治体もあります。利用の際には事前に確認しましょう。

知ってておお役立ち

COLUMN ❸

意思決定支援

近年、さまざまな法律に「意思決定支援」という言葉が登場します。言葉のとおり、「意思」を「決定」するための「支援」で、自分のことは自分で決めるという、障害のある人の自己決定をお手伝いすることです。

一般的に、意思決定とは大きく三つのステップに分かれるとされています。

まずは、「決める」という体験や経験をしていることです。人は成長とともにさまざまなことを決める経験を積み、ときには失敗しながら、だんだんと自分なりの意思決定ができるようになっていきます。

次は、意思決定のために必要な情報を得て、活用することです。たとえば、のどがかわいたので飲み物を買おうとする際、味や量、値段などさまざまな選択肢があります。そのなかから一つを決めるには、情報を比較・活用することが必要になります。

そして最後は、決めた意思をあらわすことです。どれだけのどがかわいても、どんな飲み物が飲みたいのかを伝えなければ飲めません。

こうした三つのステップをへて意思を決定するわけですが、障害がある人はこれらのステップをふむことがむずかしい場合があります。それを手助けするのが、意思決定支援です。

これを考えるヒントとして、国から意思決定支援のガイドラインが示されているので、参考にするといいでしょう。

第4章

高校に進学するとき知っておきたいこと

進学先を選ぶときの考え方

進学先選びは現実的に判断しよう

義務教育の中学校を卒業すると、その後の進路は大きく進学と就労の二つに分かれます。進学を考える場合、まずは普通高校を選ぶか、特別支援学校を選ぶかを判断することになります。普通高校を希望する場合、全日制、定時制、通信制など通う時間帯や頻度によって種類があります。子どもの特性や本人の希望をふまえて、慎重に検討することが大切です。

高校ではなにを学びたいのか、卒業後は大学に進みたいのか、就労を考えるのか。さらには、毎日高校に通学することができるのか、自宅で勉強をした方が落ち着いて取り組めるのか、などさまざまな観点からじっくり考えてみましょう。

小・中学校は通常学級に通っていた子どもでも、特別支援学校で支援を受けながら学ぶ方が、本人にとってもストレスが少ないという場合もあります。特性を考慮して、子どもが学べる環境を現実的に決めることが求められます。

中学卒業後の進路を決める流れ

STEP 1

進学先を検討する（情報収集）

- 中学の担任に相談
- 学校案内書、学校のホームページ、受験ガイドなどで確認
- 高校の説明会
- 公開授業
- 先輩などから情報収集

STEP 2

進学先を絞る

- 実際に候補の高校を見に行く
- 学校の所在地、通学経路、在校生や学校の雰囲気などを実際に確かめてみる

STEP 3

進学先を決定する

- 進学先の先生に受験について、特性への配慮などを確認する
- 高校の支援体制などを直接確認する
- 高校卒業後の進路などの情報も収集する

高校入試で受けられる配慮「特例申請」

通っている中学校を通して申請する

発達障害のある子どもが高校入試に臨む場合、通常の入試では本来の力を十分に発揮できないことが考えられます。そこで入試の方法や条件を変更してもらい、不利益を受けないように配慮してもらうのが「特例申請」です。

特例申請には、発達障害の診断書が必要となります。診断書と必要書類をそろえて、在籍する中学校を通して志望する高校に申請します。申請が受理されると、ほかの受験生がいない教室で試験を受けたり、特性に合わせた問題用紙

特例申請の流れ（東京都の場合）

通っている中学に申請の相談 → **中学を通して**教育委員会へ連絡 → **教育委員会から**申請用紙をもらう

を用意してもらえるといった配慮が受けられます。特例申請を出して合格した場合は、学校側からも支援が必要な生徒として、学習や生活指導をはじめ、さまざまな支援が期待できます。

ただ注意したいのは、特例申請は入試の願書提出よりも早い場合が多いことです。志望校が決まったら、担任の先生を通じて特例申請の提出時期を必ず確認しましょう。

高校入試時の特別措置の例

- 前日に試験会場の下見
- 別室受験
- 保護者の別室待機
- 介助者の同席
- 集団面接を個人面接に切り替え
- 面接の順番を早める
- 問題用紙の拡大
- 試験時間の延長
- 問題文の読み上げ
- 試験監督者による口述筆記
- 試験問題の漢字にルビをふる

← **申請書は中学を通して**教育委員会へ提出

← **教育委員会から**中学へ受理の返事

← 特例受験へ

特別支援学校の高等部と高等特別支援学校

専門教育を受けた教員がいて支援体制が整っている

知的障害がある、特性により支援の必要性が高い、通常の高校では適応がむずかしいと判断されるときは、特別支援学校に進学するのも選択肢の一つです。

特別支援学校には、小学部、中学部、高等部がありますが、近年では高等部だけの高等特別支援学校が全国的に増えています。特別支援学校の中学部から進学するケースがほとんどですが、通常の中学校から進学することもできます。

特別支援学校の大きな特徴は、なんといっても支援体制が整っていて、個別の支援が受けやすいことです。入学する段階で子どもの障害の状況や特性がわかっている場合が多く、また、教員も障害児教育に特化した専門教育を受けた人がほとんどで、知的障害のみならず発達障害に関する知識や経験が豊富なので、子ども一人ひとりに合った支援を行うことができます。

就労に備えた職場実習が充実

特別支援学校の高等部や高等特別支援学校では、就労や自立に向けた職業教育に力を入れています。授業のほかにも、生活スキルを学ぶ時間が設けられていたり、農作業や技能実習を行ったり、工芸を体験するなど、将来の就労につながるプログラムが充実しています。また、実際に企業や事業所に出向いて、一定期間トレーニングを受ける形の実習を行うこともあります。

特性によって支援が必要だったり、授業についていけるかなど高校生活を送ることに不安を感じている場合は、特別支援学校の高等部や高等特別支援学校への進学を検討するのもいいでしょう。

通常の中学校から特別支援学校を選択する場合には、本人や家族が診断名を知り、その特性について理解していることが重要となります。特別支援学校で学ぶ子どもはさまざまな障害を抱えている場合が多く、知的レベルも異なります。

進学を希望する際には、なにごとも現場任せにせず、本人や家族もいっしょに教育体制や支援体制をつくっていくのだ、という心構えを持つことも大切です。

専門知識や技術を学ぶ高等専修学校

発達障害のある子どもを受け入れているところも多い

高等専修学校は、中学を卒業後に進学できる学校です。普通科目に加えて、工業や農業、医療や社会福祉など専門科目の実習・実技の授業が豊富で、社会に役立つ資格取得に力を入れています。

多様な生徒を受け入れていることも特徴です。多様な個性のある生徒が社会で自立した生活を送れるように、その生徒に合ったサポートを行っており、発達障害など支援が必要な生徒を受け入れているところがたくさんあります。また、小・中学校時代に不登校などを経験した子どもが、学校生活をリスタートできるように、学校に通う楽しさ、学ぶ楽しさなどに配慮したカリキュラムや各種行事も展開しています。

ただし、卒業しても高卒資格を与えられないので、資格を得るためには技能連携制度の利用や大学入試資格付与指定校を選んで入学する必要があります。

高等専修学校で学べる専門分野と取得できる資格

工　業

資格：自動車整備士、建築士、基本情報技術者試験　など

医療・教育社会福祉

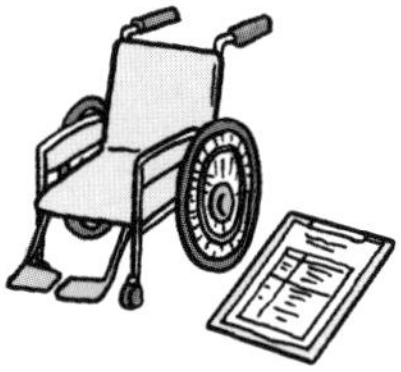

資格：介護福祉士、介護職員初任者研修、准看護師　など

衛　生

資格：調理師、製菓衛生士　など

理容・美容

資格：理容師、美容師、ＯＴＳネイル認定　など

商業実務

資格：簿記検定、情報処理検定、実用英語技能検定、秘書検定　など

服飾・家政

資格：洋裁技術認定試験、ファッション販売能力検定　など

多様な個性の生徒の在籍数

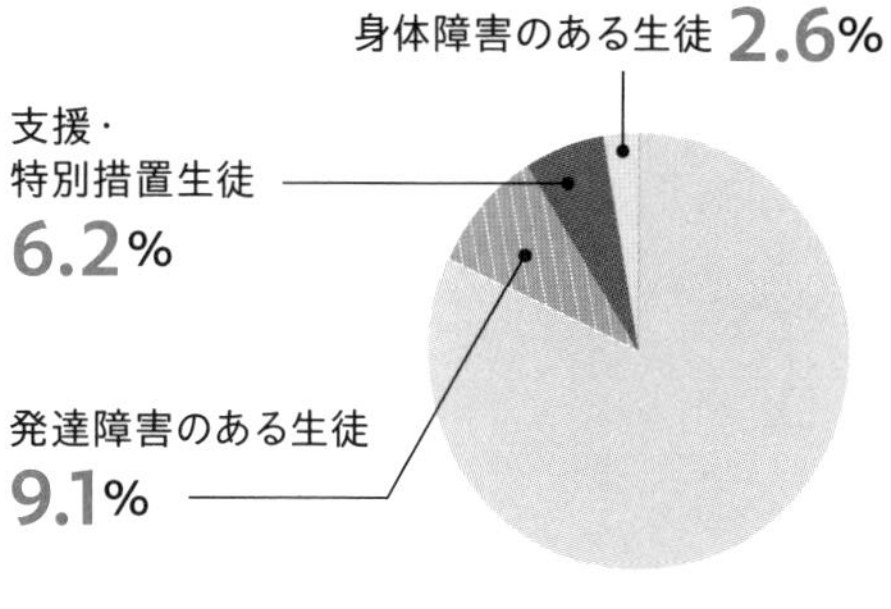

高等専修学校に通う生徒のうち、支援が必要な生徒が約18%在籍しています。そのためインクルーシブ教育にも力を入れています。

（資料：平成29年度全国高等専修学校協会「高等専修学校の実態に関するアンケート調査報告書」より）

進学先になじめないときは転校や編入も検討

別の道を探すことも選択肢の一つ

子ども自身が希望したり、子どものためによかれと思って選んだ進学先でも、実際に通い始めるとうまくなじめない、授業についていけないというケースがあります。

また、中学校までは問題なかったのに、高校に進んでから学校に行くのをいやがるようになるというケースもあります。自分を取り巻く環境の変化は、特性のある子どもにとって予想以上に大きい場合があります。

子どもが学校に行きたがらなくなったときは、無理に行かせようとせず、子どもを取り巻く状況を把握しましょう。状況しだいでは学校を変えてみるのも方法です。たとえば、子どもにやりたいことが見つかったならそれが学べる学校に移ったり、毎日の登校がつらいようなら発達障害のある子どもの支援体制をとっている通信制高校やサポート校への転入も選択肢です。一つの学校に執着せず、柔軟に考えることもときには必要です。

転入や編入の方法

再受験

通学している高校を中退後、別の高校を受験することです。合格すれば１年生から再入学となります。

編入

高校を中退した人が、別の高校に入り直すことです。この場合、前の学校で中退した学年からやり直します。

転入

高校に在籍している子どもが別の高校に移ることです。在籍していた高校と同じ学年から入ります。

転籍

同じ高校のなかで全日制から定時制や通信制に移るなど、違う課程に進むことです。

通信制高校とサポート校

通信制高校

通信制高校は通信による教育を行う課程を採用している高校のことです。全日制や定時制高校は毎日通学することが前提ですが、通信制は必要に応じて登校するスタイルで、基本的には在宅学習となります。高校卒業資格を得ることもできます。

サポート校

通信制高校に通う子どもの学習支援を行う学校です。通信制高校は、基本的に在宅学習なので、どのように学習計画を立てたり、疑問をどう解決すればいいかわからなくなりがちです。そのような子どもを自由な校風とカリキュラムのもとで支援します。

障害のある子どもの高校卒業後の進路

高校卒業後の進路は大きく分けて三つ

発達障害のある子どもが学校を卒業した場合、大きく三つの進路があります。一つは大学や専門学校への進学、二つ目は企業への就職、三つ目は障害福祉サービスの利用です。

本人の興味関心に合わせて大学や専門学校などに進んだり、特別支援学校の専攻科という支援を受けながら通うことができる専門学校のようなしくみもあります。

就職は、大きく一般就労と福祉的就労に分かれますが、近年では障害者雇用促進法によって企業は障害のある人を一定割合雇用する必要があり、一般就労で働く人も増えています。

障害福祉サービスの利用は、障害者総合支援法によりルールが決まっていて、働く前に生活スキルを身につけるサービス、就職に向けた職業訓練や就活などをサポートする就労移行支援、市区町村が地域の状況に合わせて実施する地域生活支援事業などがあります。

いずれを選ぶにせよ、高校二年生くらいから準備を進めておくといいでしょう。

高校卒業後のおもな進路

大学や専門学校への進学

大学
本人にはっきりとした目標や興味関心がある場合の選択肢

専門学校
身につけたい知識や技術がある場合、多彩な選択肢があります

企業への就職（一般就労）

一般雇用
応募条件を満たせばだれでも応募できますが、障害について考慮されません

障害者雇用
障害者手帳を持っている人向けの雇用形態で、障害に配慮されています

障害福祉サービスの利用（福祉的就労）

訓練等給付
地域で生活する力をつける「自立訓練」、働くための力をつける「就労移行支援・就労継続支援」などのサービスがあります

介護給付
昼間に通って利用する「生活介護」やヘルパーサービスなどがあります

地域生活支援事業
地域活動支援センターで軽い仕事や運動などを行う通所施設です

知ってておお役立ち

COLUMN 4

福祉サービスに納得がいかないときは

現在では、たくさんの福祉サービスがありますが、ときには事業所のサービスに納得がいかないことが起こることもあるでしょう。

福祉サービスの内容や職員の対応などで納得できないことがあれば、事業所の「苦情解決担当者」に申し出ることができます。

担当者で話が解決しないときには、事業所の「苦情解決責任者」が対応します。この苦情解決担当者と苦情解決責任者は、各事業所に必ずおくことになっています。

ただ、いつも利用している事業所に苦情はちょっと言いにくいという人もいるでしょう。そんなときは、その事業所に連絡するのではなく、都道府県の「運営適正化委員会」に相談することができます。

運営適正化委員会に相談すると、委員会は苦情や相談を聞いたうえで、事業所に状況を確認します。必要があれば、悪いところを直すようにアドバイスを行います。

障害福祉サービスをさらに使いやすくするためにも、納得できないことがあるときは、遠慮や我慢をしないで、改善してもらうように言った方がいいでしょう。

第5章

就労期に受けられる支援

就労に向けて準備しておきたいこと

課題を洗い出して対応策を考えておく

卒業後に就労を考える場合、あらためて本人の特性を客観的に評価してみることが大切です。発達障害のある子どもは、得意と苦手、できることとできないことがはっきりしている場合が多いものです。また、体調や生活リズムに波があることも少なくありません。まずはそこをよく見きわめたうえで、就労に向けた基本的な準備をしておくことが、安定した職業生活につながります。

就労に向けて必要な準備については、支援者や支援機関などに相談してもいいですが、それをある程度確認できるチェックリストがあります。「職業準備性ピラミッド」といい、どんな仕事にも共通して必要とされる職業人としての基本的な要件をまとめたものです。

必ずしもすべての項目をクリアしなければならないというわけではありませんが、特性のためにできないことを課題として洗い出し、対応策を考えるうえで役に立ちます。

職業準備性ピラミッド

▲❶職業適性

- □職務への適性
- □職務遂行に必要な知識・技能

▲❷基本的労働習慣

- □あいさつ・返事
- □報告・連絡・相談
- □身だしなみ
- □規則を守る
- □一定時間仕事に耐える体力

▲❸対人技能

- □感情のコントロール
- □注意されたときの謝罪
- □苦手な人へのあいさつ

▲❹日常生活管理

- □基本的な生活リズム
- □金銭の管理
- □余暇のすごし方
- □移動能力

▲❺健康管理

- □食事や栄養の管理
- □体調管理
- □服薬管理

（資料：独立行政法人高齢・障害・求職者雇用支援機構「はじめての障害者雇用～事業主のためのＱ＆Ａ」より）

働き方が違う「一般就労」と「福祉的就労」

一般就労にも二つの選択肢がある

発達障害のある子どもが学校を卒業して就労を考えるとき、大きく二つの就労形態があります。「一般就労」と「福祉的就労」です。

一般就労は、企業の求人に応募し採用選考をへて就職する形です。福祉的就労は、一般就労がむずかしい人を対象とした働き方で、支援者の手助けを受けながら訓練の一環として仕事をします。本人の特性やそのときどきの状態に合わせて、柔軟に働くことができます。

一般就労には、さらに一般雇用と障害者雇用という二つの選択肢があります。一般雇用は、特性のない人と同じ選考を受け、入社後も同じ条件で働きます。選べる職種が幅広く、昇進や高収入などのメリットがありますが、職場で特性に配慮してもらうことはできません。一方の障害者雇用は、あらかじめ特性があることを会社に伝えたうえで就職するため、職種が限られたり単純作業が多くなりますが、特性に配慮してもらいやすいことがメリットです。

一般就労と福祉的就労の違い

● 一般就労

会社と労働契約を結び、労働者として勤務する働き方です。基本的に、会社が決めた勤務時間に与えられた業務を行います。また、労働者が自分の都合や判断で勤務時間や業務内容を変えることはできません。

入社の際には、大きく一般雇用（一般枠）と障害者雇用（障害者枠）の二つがあります。

● 福祉的就労

一般就労がむずかしい人を対象に、障害福祉サービスのなかで支援を受けながら働きます。本人の特性や体調の状態に合わせて、勤務時間や業務内容・量などを柔軟に調整しながら働くことができます。例として、就労継続支援Ａ型、就労継続支援Ｂ型、地域活動支援センターなどがあります。

一般雇用と障害者雇用のメリットとデメリット

● 一般雇用のメリットとデメリット

- ◎ 選べる職種が幅広い
- ◎ 仕事にやりがいがある
- ◎ 昇進や高収入が期待できる
- △ 仕事量や勤務時間を自分の都合では変えられない
- △ 責任が重い
- △ 特性に対して配慮してもらうことができない

● 障害者雇用のメリットとデメリット

- ◎ 特性に配慮してもらいやすい
- ◎ 障害者雇用の経験がある
- ◎ 障害を理由に雇用契約を打ち切られることが少ない
- △ 選べる職種が狭い
- △ 単純作業や軽作業が多い
- △ 昇進や昇給はあまり期待できない

発達障害のある人の就労を支援する機関

発達障害があっても就労のチャンスは増えている

障害のある人が会社で働くことを支援するための法律として、「障害者雇用促進法」があります。会社に対して障害のある人を決められた割合（法定雇用率）で雇うことや、職場での差別を禁止すること、障害の特性に配慮することなどが定められています。法律の改正をへるたびに法定雇用率が引き上げられ、障害のある人も就労しやすくなっています。

とはいえ、自分に合う就職先を選んだり、実際に探すのはかんたんなことではありません。そんなとき頼りになるのが、さまざまな就労支援機関です。まず、障害のある人が働きたいと思ったときの相談窓口として「ハローワーク」があります。

障害のある人の就労を専門に相談できる場所としては、「地域障害者職業センター」と「障害者就業・生活支援センター」の二つがあります。また、発達障害に特化した発達障害者支援センターでも、ハローワークと連携して就労支援を行っているところがあります。

障害のある人が利用できる就労支援機関

障害のある人に向けた支援を実施している機関には次のようなところがあります。

ハローワーク

一般の就労支援機関ですが、障害のある人のための相談窓口を設けていて、専門知識のあるスタッフが相談に応じ、支援を行っています。また、必要に応じてほかの関係機関と連携しながら就労支援にあたります。

おもな支援スタッフ

- 専門援助部門の職員

地域障害者職業センター

障害のある一人ひとりの特性や能力を見きわめ、ハローワークと連携して就労のための訓練や援助などを行います。都道府県におよそ一カ所は設置されています。

おもな支援スタッフ

- 障害者職業カウンセラー
- ジョブコーチ
- 支援アシスタント

障害者就業・生活支援センター

障害のある人の就労や職場定着に向けた支援を行います。また、生活習慣や健康管理、金銭管理など日常生活にまつわる相談を受けたり、アドバイスを行ったりします。各地のおもな都市に設置されています。

おもな支援スタッフ

- 就業指導員
- 就労支援員

発達障害者支援センター

発達障害のある人の生活全般の相談に対応しています。就労専門機関ではありませんが、ハローワークなどほかの就労支援機関と連携して就労の支援を行います。

市区町村の窓口

障害のある人に対して、就労支援機関や就労に関するさまざまなサービスの提供を行っています。

ハローワークの就労支援①

「発達障害者雇用トータルサポーター」

就労準備から職場定着までトータルに支援

ハローワークでは、発達障害の特性に合わせたきめ細かな職業相談を行っています。また、福祉や教育などの関係機関と連携したチーム支援によって、就労前の準備から長く働き続けられるように、一貫した支援を受けることができます。

その支援策に「発達障害者雇用トータルサポーター」があります。就労準備から職場定着までをトータルで支援する制度で、どんな仕事が向いているかわからない、面接を受けるのが不安など就職に向けたさまざまな悩みに対して、精神保健福祉士や臨床心理士、福祉関係の資格を持つ専門の相談員がカウンセリングなどで支援を行っています。

また、就職はゴールではなくスタートであるという考えのもと、仕事を長く続けるための支援も行っています。職場の人間関係で困っている、特性による症状が悪化した、どうしても苦手な作業があるなど、仕事にまつわるさまざまな困りごとにも対応しています。

発達障害者雇用トータルサポーターのしくみ

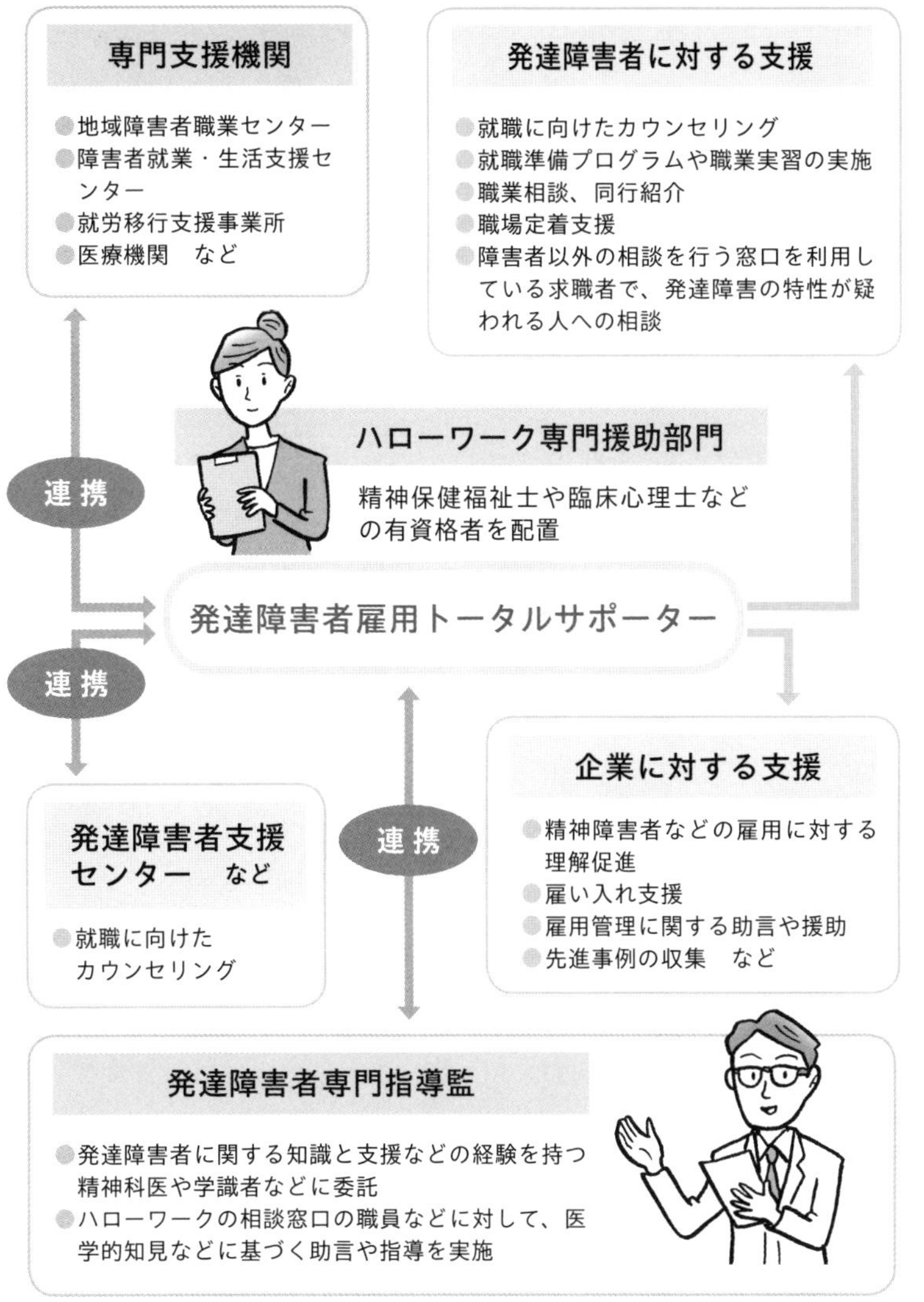

（資料：厚生労働省ＨＰ「発達障害者の就職及び雇用継続の促進に向けた支援事業」）

ハローワークの就労支援②

「ハロートレーニング」（職業訓練）

幅広い職業訓練が受けられる

就職にあたって専門的な知識や技能を身につけるために、ハローワークが窓口となって提供されているのが「ハロートレーニング（職業訓練）」です。働きたいすべての人が対象ですが、障害者手帳を持っている人を対象とした障害者訓練も行われています。

具体的な訓練内容は、オフィスワーク（ワードやエクセル、経理など）、ＩＴ、建築ＣＡＤ、調理・製パン、清掃サービス、介護など多岐にわたり、資格取得を目的としたコースもあります。受講したいときはハローワークに相談・申し込みを行い、選考試験に合格すると入校して訓練開始となります。

訓練を行う機関には、国立の職業リハビリセンターや都道府県におかれた障害者職業能力開発校があります。いずれも発達障害のある人を積極的に受け入れていますが、各訓練校によって異なるカリキュラムが用意されているので確認してみましょう。

ハロートレーニングを行う機関と専門訓練コース

●国立職業リハビリテーションセンター［埼玉］
●国立吉備高原職業リハビリテーションセンター［岡山］

【訓練期間】標準コース：１年（短期コース：６カ月）

【訓練コース】
メカトロ系：機械CAD、電子技術、FAシステム、組立・検査　など
建築系：建築CAD
情報系：ソフトウエア開発、システム活用、DTP、WEB　など
ビジネス系：会計ビジネス、OAビジネス、オフィスワーク　など
物流系：物流・資材管理　など
職域開発系：オフィスアシスタント、販売・物流ワーク、サービスワーク　など

（国立職業リハビリテーションセンターの例）

●障害者職業能力開発校［都道府県が運営］

【訓練期間】３カ月～１年

【訓練コース】
就業支援科、職域開発科、調理・清掃サービス科、オフィスワーク科、ビジネスアプリ開発科、ビジネス総合事務科、グラフィックDTP科、ものづくり技術科、建築CAD科、製パン科、実務作業科、OA実務科

（東京障害者職業能力開発校の例）

発達障害者の職業リハビリも行う「地域障害者職業センター」

必要に応じた職業準備支援が受けられる

地域障害者職業センターは、ハローワークとも連携しながら、障害のある人に専門的な職業リハビリテーションを提供している施設で、各都道府県に設置されています。就労の前に準備が必要な人に対する職業準備支援を行っていますが、発達障害のある人の利用も多く、「発達障害者就労支援カリキュラム」も用意されています。

まずは利用者の相談に応じて、職業評価を行います。仕事上での強みや苦手、性格や考え方、生活状況などについて聞き取り、作業検査などを行ったうえで支援プランを作成します。必要に応じて、作業を進めるための力や職場でのコミュニケーションのとり方、疲労やストレスへの対処法などを習得し、自分に合った仕事や働き方、職場環境などについて理解を深めます。こうしたさまざまなスキルを学んだのち、事業所での体験実習を通じた実践的な支援が行われます。

発達障害者就労支援カリキュラム

地域障害者職業センターでの職業準備支援は、大きく技能体得のための講座と事業所での体験実習に分かれます。技能体得の課程では、必要に応じて個別相談や、就労場面でのつまずきに対して作業支援などが行われます。

センター内での
技能体得のための講座
（8週間程度）

- 問題解決技能
- 対人技能
- リラクゼーション技能
- 作業マニュアル作成技能

事業所での
体験実習を通じた実践的な支援
（4週間程度）

- 事業所での体験実習を実施

（資料：厚生労働省 HP「発達障害者に対する体系的支援プログラム」より抜粋）

就労と生活を一体的に支援する「障害者就業・生活支援センター」

特性を考慮しながら就労と生活をサポート

障害のある人が「仕事はしたいけど、どんな仕事が合うのか」と不安や悩みを抱えているとき、具体的なアドバイスや支援を受けられるのが「障害者就業・生活支援センター」です。ハローワークや地域障害者職業センターが就労に向けて具体的かつ専門的な支援を行うのに対して、障害者就業・生活支援センターは就労と生活の一体的な支援を目的としています。

就労の支援では、まず面談を行って障害特性による働くうえでの不安や困りごと、得意や苦手などを話しながら、本人の希望する仕事についていっしょに考え、就労に向けた取り組みをサポートします。就労後は、入社した会社で働き続けられるように支援します。

生活の支援については、朝起きられず仕事に行けない、決まった時間に薬が飲めないなど、生活習慣や健康管理に対する必要なサポートを行います。また、本人の状況によっては、関係機関と連携しながら障害のある人の生活基盤を整え、働く環境づくりを支援します。

障害者就業・生活支援センターの支援のしくみ

障害のある人　相談　事業主

↓

障害者就業・生活支援センター

一体的な支援

就業支援

- **就労に関する相談支援**
  - ・就職に向けた準備支援（職業準備訓練、職場実習のあっせん）
  - ・障害者の特性、能力に合った職務の選定
  - ・就職活動の支援
  - ・職場定着に向けた支援
- **障害特性をふまえた雇用管理に関する助言**
- **関係機関との連絡調整**

生活支援

- **日常生活・地域生活に関する助言**
  - ・生活習慣の形成、健康管理、金銭管理などの日常生活の自己管理に関する助言
  - ・住居、年金、余暇活動など地域生活、生活設計に関する助言
- **関係機関との連絡調整**

↓

自立・安定した職業生活の実現

（資料：厚生労働省 HP「障害者就業・生活支援センターについて」より抜粋）

障害者の雇用の安定を図る「障害者雇用促進法」

法改正により引き上げられてきた障害者の法定雇用率

「障害者雇用促進法」は、障害のある人の雇用の安定を図るために具体的な方策を定めた法律です。１９６０年に制定された「身体障害者雇用促進法」が元になっていて、たびたびの改正をへて現在にいたっています。

障害者雇用促進法では、おもに三つの具体策をかかげています。

一、障害者雇用率制度
二、差別禁止と合理的配慮の提供
三、職業リハビリテーションの推進

障害者雇用率制度は、一つの事業主で雇用しなければならない障害者の割合を定めたもので、２０２４年４月から２・５％に引き上げられました。これにともない、従業員を40人以上雇用している事業主は障害者を一人以上雇用しなければなりません。言いかえれば、障害のある人にとってはその分就職しやすくなったということです。

障害を理由に職場での差別を禁止

同じように、義務として定めているのが障害のある人に対する差別の禁止です。これは募集や採用、配置、昇進、賃金、雇用形態、福利厚生などあらゆる場面に及び、たとえば「障害者だから」という理由で求人への応募を認めない、不利な条件を設ける、能力を適正に評価しない、賃金や昇給をほかの社員と異なる扱いにするなどはすべて違法となります。

むしろ、障害のある人が快適に働けるように、障害の特性に配慮した措置を講じる義務があります。たとえば車いすを利用する人に合わせて机や作業台の高さを調節したり、発達障害のある人に合わせてスケジュール表や絵図などを用いるなどです。

この法律により事業主は障害のある人を雇用し、それに合わせた職場の環境整備などをしなければなりませんが、法定雇用率以上の障害者を雇用することで障害者雇用調整金のほか報奨金や助成金などが支給されるしくみや、障害者雇用の実施状況において優良な企業を認定する制度もあります。

障害のある人とない人が平等に生活する社会を実現するノーマライゼーションが浸透しつつある今、法律とともに障害者雇用のあり方はますます変化していくことが考えられます。

法律によって義務化された「合理的配慮」

対話を通じてともに対応策を考える

前項で紹介した障害者雇用促進法の具体策のなかに「差別禁止と合理的配慮の提供」がありました。さらに、障害者差別解消法の改正により、すべての事業主は障害のある人への合理的配慮の提供が義務化されました。これにより、障害のある人が就職する際、事業主に「合理的配慮」を求めることができます。

障害のある人の雇用における合理的配慮は、求人の募集や採用時からはじまり、採用後には一人ひとりの特性による困りごとに応じた配慮を講じる必要があります。それにあたっては、障害のある人と事業主が話し合いを通じて互いに理解を深め、ともに対応策を考えていくことが大切です。

事業主側に過重な負担になると判断された場合は、希望通りにならないこともありますが、できる範囲で配慮をしてもらうといいでしょう。

合理的配慮の具体例

●職場環境への配慮（例：肢体不自由）

〈障害のある人からの申し出〉
作業机に車いすのまま着席したい

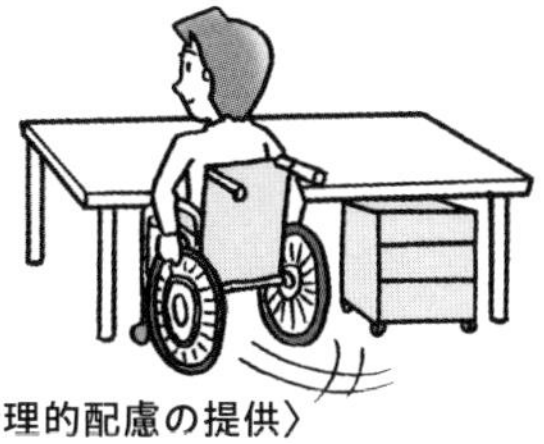

〈合理的配慮の提供〉
作業机に備えつけのいすを片づけて、車いすのまま着席できるようにした

●意思疎通への配慮（例：難聴）

〈障害のある人からの申し出〉
耳が聞こえにくいため、筆談によるコミュニケーションを希望した

〈合理的配慮の提供〉
従業員は筆記具を持ち歩くことにし、だれとでも筆談できるようにした

●従来の慣行の変更（例：学習障害）

〈障害のある人からの申し出〉
文字の読み書きがうまくできないため、ミーティングで使われるホワイトボードの内容を最後まで書き写すことができない

〈合理的配慮の提供〉
スマートフォンやタブレットなどでホワイトボードを撮影できるようにした

（資料：内閣府リーフレットより）

障害者雇用に特別な配慮をする「特例子会社」

特例子会社の数は年々増加している

障害のある人が働きやすいように特別な配慮や支援体制を整えるなど、一定の条件を満たして、厚生労働省の認可を受けて設立された会社を「特例子会社」といいます。特例子会社で雇用された障害者はその親会社の雇用とみなされて、親会社の法定雇用率に算定されます。

障害のない人が多く働く親会社のなかに、障害のある人を雇うとなると、必要な設備の導入や社内規定の整備、業務管理などに大きなコストがかかります。一方、特例子会社を設立することによって、障害のある人が働きやすいように設備投資を集中し、親会社と異なる労働条件を設定しやすくなり、結果的に障害のある人を雇用しやすくなるのです。

そうした経緯もあり、特例子会社の数は年々増加しており、２０２３年６月には全国で約６００社となっています。今後も法定雇用率が上がっていくことが決まっているため、特例子会社の数も増えていくものと予想されます。

特例子会社で働くメリット

特例子会社の仕事内容は、会社によってそれぞれ異なります。親会社の下請け業務を行っているところもあれば、親会社とはまったく違う事業を行っているところもあります。どんな仕事であれ、特例子会社の指定を受けている以上、障害のある人が働きやすい環境を整えているという点において、大差はないと考えていいでしょう。

特例子会社を選ぶメリットは、まず、一般の会社ではなかなか採用されない場合でも、採用してもらいやすい点があげられます。また、障害のある人が働きやすいように職場環境が整備されていること、障害者の雇用管理を専任とする職員が配置されていること、労働時間などそれぞれの障害の特性に合わせて配慮してもらえることなども大きな利点といえます。

一方、デメリットとしては、親会社よりも給与が安く、年齢に見合った昇進や昇給があまり期待できないということがあります。また、親会社が大きな企業の場合、社長をはじめとする管理職の入れ替わりもあります。上司が変わることで、職場環境も変わってしまう可能性があるといえます。

独立行政法人高齢・障害・求職者雇用支援機構のホームページでは、特例子会社の取り組みや配慮などの事例が紹介されています。会社選びの参考にするといいでしょう。

長く働き続けるきっかけにする「障害者トライアル雇用」

働く人と雇用側のミスマッチを防ぐ効果も

「障害者トライアル雇用」は、障害のある人が原則3カ月間（精神障害者は原則6カ月）〝お試し〟で働く制度です。どんな職場でどんな仕事をするのか、職場の雰囲気や環境はどうかなどを実際に見きわめることで、長く働き続けるきっかけにすることを目的にしています。

この制度は会社の側からしても、正式に雇用する前に、求職者の適性や能力を把握し、どのような業務が向いているかを判断したり、障害者雇用への不安を軽減できるなどのメリットがあります。

トライアル期間が終了し、お互いに理解を深めて納得すれば継続雇用となります。実際に継続雇用率は高く、ミスマッチを防ぐことができるので、その後も安定した長期就労につながりやすくなります。

制度を使用したいときはハローワークなどに問い合わせてみましょう。

障害者トライアル雇用制度の意義
障害のある人
不安
働くのは
はじめてなので
続けられるか不安
訓練を
受けたことが
実際に役立つ
か不安
自分に
どんな仕事が
向いているか
わからない
事業主
不安
障害に応じた
職場の配慮が
わからない
どんな業務を
担当させたら
いいかわからない
身体障害者は
雇用しているが、
発達障害者は
はじめて
障害者に
どのように
接したらいいか
わからない
不安の
解消・軽減
障害者トライアル雇用
原則３カ月間の有期雇用
（精神障害者は原則６カ月）
継続雇用

支援を受けながら働く「就労継続支援Ａ型」

一定の支援があれば働ける人を対象とした障害福祉サービス

障害のある人の働き方は、大きく一般就労と福祉的就労に分かれます。「就労継続支援Ａ型」は一般就労はむずかしいけれど、一定の支援があれば働くことができるという人を対象とした障害福祉サービスです。

利用者はＡ型事業所と雇用契約を結び、基本的に最低賃金額以上の給料をもらって働きながら、知識や技能を身につける訓練が受けられます。サービス内容は事業所によって異なりますが、パンやお菓子の製造、カフェやレストランのホールスタッフ、パソコンによるデータ入力、清掃、配達業務など多岐にわたります。

また、Ａ型事業所ではサービス管理責任者や職業指導員、生活支援員などの専門職が配置されており、仕事や職場での困りごとにも対応してもらえます。

こうして経験値を積みながら、一般就労へつながっていくことが期待されます。

就労継続支援Ａ型のしくみ

利用できる人	身体障害、知的障害、精神障害や発達障害、難病がある原則18歳以上65歳未満で、以下のいずれかの条件を満たす人 ・一般企業などでの就労経験があるが、離職して現在は働いていない人 ・特別支援学校を卒業して就職活動を行ったが、一般企業などへの雇用に結びつかなかった人 ・就労移行支援事業所などの利用で就職活動を行ったが、一般企業などへの雇用に結びつかなかった人 ※2018年より、65歳になる前の５年間に障害福祉サービスの支給決定を受けていて、65歳になる前日の時点で就労継続支援Ａ型の支給決定を受けていた人は、継続してサービスを利用できるようになりました。
雇用契約	あり
サービス内容	・パンやお菓子の製造 ・カフェやレストランのホールスタッフ ・パソコンによるデータ入力 ・梱包や箱詰め作業 ・清掃作業 ・農作業 ・配達業務　など
メリット	・適切な支援を受けながら雇用契約に基づいて働ける ・希望や状況に応じた時間で働ける ・週20時間以上働く人は雇用保険に加入 ・安定した収入が得られる ・一般就労に移行する人もいる
利用期間	制限なし
給料	最低賃金以上（2021年の月額平均給与は81,645円）

障害や体調に合わせて働ける「就労継続支援B型」

日中に安心してすごせる居場所という役割もある

福祉的就労には、前項の就労継続支援A型のほかに「就労継続支援B型」があります。障害や特性、年齢、体力などの理由で雇用契約を結んで働くことがむずかしい人が働く機会を得たり、働くために必要な知識や技能を高めるために訓練を受けることができる障害福祉サービスです。

サービス内容は事業所によっても異なりますが、清掃作業や農作業、梱包作業や部品加工などの軽作業が多く、A型と比べてより細分化された作業を行う傾向があります。

年齢制限はなく、1日数時間だけ、週に数日だけといった利用ができる事業所もあるので、障害や特性、体調などに合わせて働くことができます。また、日中に安心してすごすことのできる居場所という役割もあるので、「まずは自宅以外の決まった場所で、ほかの人と接する機会」ととらえて利用するのも方法です。

就労継続支援B型のしくみ

利用できる人	身体障害、知的障害、精神障害や発達障害、難病がある人で、以下の条件を満たす人 ・就労経験はあるけれど、障害や年齢、体力の面で一般就労がむずかしい人 ・就労移行支援を利用したが、一般就労や就労継続支援A型での就労がむずかしかった人 ・50歳に達している人、または障害基礎年金1級を受給している人 ・就労移行支援事業者などによって行われる、利用者の特性や能力、働く意欲などを調査するアセスメントを受け、就労面の課題が把握されている人 ※障害者手帳は不要
雇用契約	なし
サービス内容	・農作業 ・部品加工 ・手工芸 ・飲食店での調理 ・パンやお菓子などの製造 ・衣類のクリーニング ・パソコンによるデータ入力　など
メリット	・通所によって体力がつき、就労に必要な生活習慣が身につく ・本人の状態に合わせて無理のない範囲で柔軟に通える ・事業所でほかの人といっしょに作業を行うことを通じて対人関係を学ぶことができる
利用期間	制限なし
給料	最低賃金に満たない場合もある （2021年の月額平均工賃は16,507円）

働くための力をつける「就労移行支援」

特定の障害に特化した事業所もある

障害のある人が「会社で働きたい」「自分で仕事を始めたい」と希望したとき、それに必要な知識や技能を身につけるトレーニングや、就職活動をするうえでのサポートを受けられる通所型の障害福祉サービスを「就労移行支援」といいます。

長く安定して働き続けられるように、仕事に必要なあいさつやマナーを身につけたり、就職する会社をいっしょに考えたり、実際の会社で実習を行ったりします。

サービスを行う就労移行支援事業所には、大きく二つの種類があります。さまざまな障害のある人がいっしょに訓練を受ける「総合型事業所」と、精神障害や発達障害など特定の障害に特化した「特化型事業所」です。軽作業や事務系の職種への就職を目指す事業所が多いですが、特定の分野に特化したところもあります。自分に合う仕事がわからない、就職活動がうまくいかないなどの悩みがある人は、利用を検討したいサービスです。

就労移行支援のしくみ

利用できる人	身体障害者、知的障害者、精神障害者（発達障害をふくむ）、難病などがあるが、企業への一般就労を希望し、一般就労ができると見込まれる人
年齢制限	原則18歳～65歳未満
サービス内容	・**職業相談・個別支援計画** 事業所スタッフとの面談を通じて、一人ひとりの希望や特性、体調、能力に合わせた支援計画が作成され、支援が受けられます。 ・**職業訓練** 一人ひとりの特性や目指す職業で必要になる能力に合わせた訓練プログラムが組まれます。また、実際の職場で働く体験をします。 ・**職場探し・就職活動の支援** 就職活動に向けた準備や、履歴書の書き方、面接対策などのサポートが受けられます。また、事業所では求人紹介は行っていませんが、ハローワークや障害者職業センター、障害者就業・生活支援センターなどと連携して、適した職場を探す手伝いをします。 ・**就職後の定着支援** 就職先が決まったあとも、困りごとの相談をしたり、サポートを受けることができます。 
利用期間	２年（最大で１年延長あり）
利用料金	世帯の収入状況による ※自己負担は１割、残りの９割は自治体負担

働くことにまつわる課題解決を図る「就労定着支援」

障害のある人が働きやすい環境づくりをサポート

障害のある人が一般就労で働くケースが増えているなか、さまざまな問題に直面してすぐに辞めてしまうのを防ぐサポートをしているのが「就労定着支援」です。２０１８年４月から始まった改正障害者総合福祉法に基づく障害福祉サービスです。

障害のある人は実際に働いてみると、ミスが多い、職場でうまくコミュニケーションがとれない、体調管理ができずに遅刻や欠勤が多いなどの問題や悩みが出てくることがあります。それを自分でどう解決したらいいかわからず、抱え込んでしまう場合が少なくありません。

就労定着支援では、各事業所の担当者が月１回以上のペースで障害のある人と対面で話し、職場での状況を聞いて課題を把握します。そのうえで課題解決のためのアドバイスを行ったり、勤務先へ訪問したり、医療機関や福祉機関など関係機関と連携して、働きやすい職場環境づくりをサポートします。

就労定着支援のしくみ

<table>
<tr><td>利用できる人</td><td>就労移行支援、就労継続支援、自立訓練、生活介護などの障害福祉サービスを利用して一般就労した人
※障害福祉サービス受給者証が必要

</td></tr>
<tr><td>サービス内容</td><td>・障害のある人が長く働き続けられるように支援する
・就労定着支援員が本人と会社を仲介し、相談や助言を行う
・医療機関や福祉機関などと連携して働く環境づくりを支援する

</td></tr>
<tr><td>メリット</td><td>・就業面、生活面、体調面でのサポートが受けられる
・会社には言いにくいことも相談しやすい
・就労定着支援員のサポートのもとで会社に合理的配慮を相談できる</td></tr>
<tr><td>利用期間</td><td>最長３年間（１年ごとに支給決定期間を更新）
※就職後７カ月目から就職後３年６カ月目まで利用可能</td></tr>
<tr><td>利用料金</td><td>前年度の世帯所得に応じて変動
※自己負担は１割、残りの９割は自治体負担</td></tr>
</table>

職場への早い適応を促す「ジョブコーチ（職場適応援助者）支援」

障害者本人だけでなく家族や事業主も支援

障害のある人ができるだけ早く職場に適応し、安心して能力を発揮できるようにサポートするのが、「ジョブコーチ（職場適応援助者）支援」です。ジョブコーチは、障害のある人だけでなく、その家族や事業主に対して支援を行う役割を担っています。

たとえば、障害のある人に対して健康管理や生活リズムのつくり方について支援したり、家族に対して本人が安定した職業生活を送るための関わり方などをアドバイスします。また、事業主やいっしょに働く従業員に対しては、障害特性に配慮した雇用管理や本人とのコミュニケーションのとり方などを助言します。

支援期間は基本的に2～4カ月ですが、状況に応じて1～8カ月の間で自由に設定できます。最初はジョブコーチが週3～4回訪問して集中的に支援を行い、徐々に支援の主体を職場の担当者に移して、支援終了後も必要なフォローアップを行います。

ジョブコーチのしくみ

支援のしくみ

事業主

- 障害特性に配慮した雇用管理に関する助言
- 配置・職務内容設定に関する助言

障害のある人

- 作業遂行力の向上支援
- 職場内コミュニケーション力の向上支援
- 健康管理、生活リズムの構築支援

上司・同僚

- 障害の理解に関わる社内啓発
- 障害者との関わり方に関する助言
- 指導方法に関する助言

家族

- 安定した職業生活を送るための家族の関わり方に関する助言

■標準的な支援の流れ

支援期間　1～8カ月（標準2～4カ月）		フォローアップ
集中支援／週3～4日訪問	移行支援／週1～2日訪問	
職場適応上の課題を分析し、集中的に改善を図る	支援ノウハウの伝授やキーパーソンの育成により、支援の主体を徐々に職場に移行	数週間～数カ月に一度訪問

（資料：厚生労働省HP「職場適応援助者（ジョブコーチ）支援事業について」）

安定した日常生活や社会復帰につなげる「精神科デイケア」

発達障害専門プログラムを行っているところも

おもに精神障害のある人が安定した日常生活を送ったり、社会復帰を目指すための通所型のリハビリテーションを「精神科デイケア」といいます。さまざまなプログラムへの参加を通じて、生活リズムの改善や対人スキルの向上、精神疾患の再発防止などを目的としたリハビリを行っていきます。

精神科デイケアを行っているのは、精神科のある病院やクリニック、保健所、精神保健福祉センターなどです。施設によって目的やプログラムの内容、利用者などが異なりますが、なかには発達障害専門プログラムを行っているところもあります。その有用性が認められて、外来治療として健康保険が適用されるようになりました。

決まった時間に通うことで生活リズムが整いやすく、社会復帰に向けて体力や対人スキルが身につく効果が期待できます。興味がある人は主治医に相談してみましょう。

精神科デイケアのしくみ

利用できる人	精神障害や発達障害のある人で、希望する社会生活の実現に向けて改善や回復を望んでいる人
実施している場所	・病院の精神科　・精神科クリニック ・保健所　・精神保健福祉センター　など
内容	〈発達障害専門プログラムの例〉 ・コミュニケーションプログラム ・心理教育プログラム ・ディスカッションプログラム

精神科デイケアの効果

●生活リズムの改善・体力づくり

決まった時間に通所するので、生活リズムが整いやすくなります。スポーツ系のプログラムに参加すれば体力の向上にもつながります。

●対人スキルの向上

プログラムを受講する仲間との交流などを通じて、人とつき合うことに慣れ、コミュニケーション力もつきます。

●相談できる場所ができる

病気などで不安があるようなときに相談できる場所があることで、安心できたり、居場所ができたりします。

●自信が生まれる

少しずつできることが増えて自分に自信が持てるようになり、人との交流や社会参加への意欲が出てきます。

●症状の再発防止

仲間との交流やプログラムを通じて、病気への理解やつき合い方を知り、自己管理ができるようになると、症状の再発防止につながりやすくなります。

●就労スキルの向上

プログラムを通じて、就労に必要な作業能力や集中力、人との関わり方などを身につけやすくなります。また、就労支援機関と精神科デイケアを両立しながら、就労につなげていくこともできます。

知っててお役立ち

COLUMN ⑤

医学モデルと社会モデル

障害者手帳の判定を受けるときは、必ず医師や心理士などの医療関係者が行うことになっています。これを「医学モデル」といいます。

一方、「医学モデル」以外に「社会モデル」と呼ばれる考え方もあります。

どういうものかというと、たとえば、重度の知的障害がある人が一人暮らしをしながら会社に勤めているとしましょう。普通に考えれば、それはちょっとむずかしいのではないかと考えがちですが、障害があっても正社員として雇用され、働きやすい職場環境が用意されていたら、仕事に関しては困りません。

また、障害があっても問題なくアパートが借りられて、必要な福祉サービスも使えて、周囲の人も親切に手を貸してくれたら、一人暮らしもさほど困りません。

このように職場や地域社会で困らないようなしくみかどうかを考えるのが、「社会モデル」です。外国では取り入れているところもあり、日本でも「社会モデル」が取り入れられたら、障害者手帳の判定方法も変わるかもしれません。

第6章

将来の自立に向けて知っておきたい制度とお金

大人になって発達障害と診断されたら「障害者手帳」の取得をあらためて検討する

将来の自立に向けて障害者手帳の取得を考えてみる

子どもが発達障害の診断を受けたとき、障害者手帳を取得するかどうかを考えた保護者の方は少なくないでしょう。

第1章でも述べましたが、発達障害と診断された場合、知的障害が併存しているかどうかにかかわらず障害者手帳を申請することができます。手帳を取得することによって、さまざまな支援やサービスを受けたいとき、役所の窓口に出すことによってスムーズに手続きできます。しかし、手帳がなくても利用できるサービスや、医師の診断書があれば利用できるサービスもあるので、必ずしも取得しなければならないわけではありませんでした。

しかし、大人になると事情は変わります。学校を卒業して将来の自立を目指していくとき、あるいは大人になってから発達障害の診断を受けたような場合、障害者手帳を取得した方がいいのかどうかをあらためて考えてみるといいでしょう。

取得のメリットとデメリットを比較検討することが大切

大人になってから障害者手帳を取得する意義として大きいのは、手厚い就労支援が受けられることでしょう。基本的に手帳がある人を対象にした支援やサービスが多く、障害者雇用枠で就職先を選ぶこともできます。一般雇用で働く場合でも、障害者手帳が公的な証明の役割を果たし、職場に合理的配慮を求めやすくなるメリットもあります。

ただ、障害者手帳にはデメリットもあるので、十分に比較検討することが大切です。

発達障害のある人が取得するとしたら、精神障害者保健福祉手帳か療育手帳になります。精神障害者保健福祉手帳については基本的に子どもの場合と同じですが、注意が必要なのは療育手帳です。18歳を超えると取得方法が変わり、判定を受ける機関が児童相談所から知的障害者更生相談所に変わります。また、認定を受けるときの必要書類が増えます。

また、療育手帳は自治体によって運用のしかたも異なります。そのため、生まれ育った地域で療育手帳を取得した人が、就職のために別の地域に引っ越したという場合、手帳の等級のあらわし方やＩＱの判定基準が変わるケースがあり、それによって受けられる支援やサービスの範囲が変わってくる可能性も考えられます。

くわしくは市区町村の窓口に相談してみるといいでしょう。

大人になって障害者手帳を取得するメリットとデメリット

メリット

① さまざまな就労支援が受けられる

特性により就労にはさまざまな困りごとが生じる可能性がありますが、就職準備、就職後の定着、再雇用などの場面で手厚い福祉サービスが用意されています。

メリット

② 障害者雇用枠での就職

障害者雇用枠で働くメリットは、事業主が障害を理解したうえで採用を行うので、適切な配慮が受けられることです。障害者雇用枠での応募には障害者手帳が必要です。

メリット

③ 所得税や住民税の障害者控除がある

障害があることによる金銭的な負担を軽くするため、税金を安くする制度が適用になります。

メリット

④ 地域によっては医療費の助成が受けられる

自治体や等級によって異なりますが、比較的重度の障害がある人は、医療機関での医療費の自己負担が軽減される場合があります。ただし、精神障害や発達障害を対象とした精神通院医療の場合、手帳がなくても自立支援医療制度が活用でき、所得によって医療費負担が軽減されます。

メリット

⑤ さまざまな施設利用の割引制度がある

鉄道やバス、タクシー、航空機やフェリーなどの運賃、大手キャリアの携帯料金、公共施設や民間のレジャー施設、温浴施設などの割引サービスがあります。

メリット

⑥ 公営住宅に優先入居できる

周辺の家賃相場より安く住める公営住宅への入居が優先、優遇される場合があります。

デメリット

1 申請や更新が煩雑

障害者手帳を申請するには、公的な書類をそろえたり写真を撮ったりするなど、煩雑な作業が発生します。また、障害によっては再認定や更新が必要で手間がかかります。

デメリット

2 家族が反対している

家族が取得に反対している場合、家族関係に影響を及ぼす可能性があります。

デメリット

3 友だちや恋人、結婚相手との関係

友だちや恋人、結婚相手との関係に影響を及ぼす可能性があります。とくに恋人や結婚相手との関係が悪化してしまうことも。

デメリット

4 職場に偏見を持たれる可能性

障害があることをオープンにせずに一般就労枠で入社した場合、職場の人に偏見を持たれたり、差別的な扱いを受ける可能性はあります。ただ、そうした差別的な扱いは法律で禁止されています。

デメリット

5 生命保険や医療保険に加入しにくい

保険会社によって審査基準が異なりますが、生命保険や医療保険に加入しにくくなる場合があります。

デメリット

6 住宅ローンが組みにくくなる

金融会社によって審査基準が異なりますが、住宅ローン審査に通りにくくなる場合があります。

障害がある人を経済的に支える「障害年金」と「障害手当金」

障害年金には二種類ある

障害や病気などによって日常生活でのサポートが必要な人や、仕事をすることがむずかしい人の生活費を援助するために給付されるのが「障害年金」です。障害年金は、「障害基礎年金」と「障害厚生年金」の二種類があります。

障害基礎年金は、障害等級の1級・2級にあたる障害のある人が受け取れる年金です。国民年金に加入していることが条件で、20歳以上であれば対象になります。また、子どものころの病気やケガ、先天的な障害によって日常生活に支障がある人も、障害等級に該当すれば対象になります。

障害厚生年金は、障害基礎年金に上乗せされる障害年金です。厚生年金に加入している間に障害が生じて、障害等級の1級・2級にあたるときに金額が加算されます。

また、障害年金の対象となる等級にあたらない人には「障害手当金」が支給されます。

障害年金のしくみ

［障害等級の目安］

重い ⇔ 軽い

等級	
1級	ほかの人の介助を受けなければ自分の身の回りのことがほとんどできず、活動範囲がベッド周辺に限られる状態
2級	ほかの人の介助は必ずしも必要ではないが、日常生活が非常に困難で、活動範囲が自宅内に限られる状態
3級	労働に著しい制限を受けるか、労働に著しい制限を加えることが必要な状態
障害手当金	障害等級の3級よりも軽い障害が残った場合に支給される一時金

［障害年金の年金額のイメージ］

重い ⇔ 軽い

厚生年金（2階）	障害厚生年金 配偶者加給年金	障害厚生年金 配偶者加給年金	障害厚生年金	障害手当金
国民年金（1階）	障害基礎年金 1,020,000円 子の加算	障害基礎年金 816,000円 子の加算		

※昭和31年4月2日以後生まれの人
※イメージ図のため実際の支給額と異なる場合があります

（資料：日本年金機構「障害年金ガイド」より構成）

発達障害のある人も障害年金を受け取れる

特性による日常生活や労働への支障の程度で判断

障害年金は生まれながらの病気などによる障害のある人にも支給されるので、発達障害のある人も支給要件を満たせば、障害年金や障害手当金を受け取ることができます。

その基準となる障害等級は、医師の診断書に記載された症状や困りごとなどから、日常生活や労働に出ている支障の程度などによって判定されます。また、二次障害としてうつなどの精神障害を併発しているときには、両方の症状を総合的に判断して判定がなされます。ただし一度等級が認定されても、認定時より症状が悪くなったり、逆に軽くなったりしたときには、等級が変わることがあります。

ここで間違いやすいのは、障害者手帳の等級とは別であるということです。障害者手帳と障害年金は別の制度なので、等級の判定方法は異なります。また、障害者手帳を取得していなくても、要件を満たせば障害年金を受け取ることはできます。

発達障害のある人が障害年金を受け取るための条件

①障害等級

障害等級が１・２・３級のどれかに該当すること。

②初診日

障害の原因となった病気やケガの初診日が、一定の条件を満たしていること。

〈発達障害のある人の初診日〉

- ●知的障害をともなわない発達障害
  初診日は「発達障害と診断された初めての日」
- ●知的障害をともなう発達障害
  知的障害の診断がある人は、初診日は「生まれた日」
- ●精神疾患での診断が発達障害の診断の前に出ている場合
  初診日は「精神疾患と診断された初めての日」

③保険料の納付

国民年金の保険料を一定期間以上、きちんと納付していること。初診日の前日までに次の条件のどちらかを満たしていること。

〈条件〉

- ●初診日のある月の前々月までの公的年金の加入期間の３分の２以上の期間について、保険料が納付または免除されていること。
- ●初診日において65歳未満で、初診日のある月の前々月までの１年間に保険料の未納がないこと。

④成人する前に障害が認められている場合

成人する前に障害があることを認められた場合、保険料納付の対象外になる。

（資料：日本年金機構「障害基礎年金はどのようなときに受けられますか」）

障害年金のポイントを押さえておこう

POINT 1

必ず自分で手続きする

障害基礎年金は障害者手帳を持っていれば自動的にもらえるわけではありません。必ず自分で手続きしましょう。また、障害年金は種類ごとに手続きすることになっているので、一つずつ手続きしていくことが大切です。

POINT 2

医師の診断書が必要

障害年金の手続きには、医師の診断書が必要になることが多いです。とくに、障害基礎年金の手続きに必要な診断書はとても重要となります。できればかかりつけ医がいることが望ましいといえます。重度の障害がある場合は、障害者手帳だけで手続きすることもできますが、手帳の等級と障害年金の認定は別なので注意しましょう。

POINT 3

障害基礎年金の手続きは20歳になる前に

障害基礎年金は、障害のある人にとって大切な生活費です。20歳から受け取ることができますが、手続きに時間がかかるので、できれば半年くらい前から市区町村の役所にある年金の担当窓口などに相談しましょう。

POINT 4 障害基礎年金の対象になると年金保険料は払わなくてＯＫ

障害基礎年金の対象になると、月々の国民年金の保険料の支払いがゼロになります。手続きをしないと、最大で月々約16,500円の保険料を支払うことになります。もし、障害基礎年金の対象にならなかったとしても、収入が少ない場合には、保険料支払いをゼロにできるしくみがあるので、市区町村の役所にある年金の担当窓口に相談しましょう。

POINT 5 障害年金の額は変更される

障害基礎年金の金額は、そのときどきの物価によって増減します。ただし、もともとの金額は多くはないので、物価が下がっても年金や手当の金額を下げない扱いにすることもあります。

POINT 6 年金は計画的に使おう

障害年金、給料や工賃など、受け取ったらすぐに使ってしまうのではなく、できるだけ計画的に使うことが大切です。金銭管理に不安がある場合は、成年後見制度や社会福祉協議会の金銭管理サービスなどを利用することができます。

自立した生活を支援する「障害福祉サービス」

障害支援区分によって利用できるサービスは異なる

障害のある人が自立した生活を送れるように提供されているのが「障害福祉サービス」です。家事全般に不安があるときはホームヘルパーに手伝ってもらったり、一人の外出がむずかしい場合にサポートを受けることができれば、安心して毎日をすごすことができます。

サービスを受けたいときは市区町村にある担当窓口に申請し、まずは「障害支援区分」の認定調査を受けます。その人に必要とみなされる支援の程度を6段階で判定し、その区分によって利用できるサービスが異なります。

希望するサービスがある場合も、どんなサービスを受けたらいいかわからない場合も、市区町村が指定する特定相談支援事業者に相談するといいでしょう。申請手続きを代行してもらうこともできます。サービス支給が決まったら、特定相談支援事業者にサービス等利用計画を作成してもらい、サービス開始となります。

発達障害がある人が利用できるおもな障害福祉サービス

生活介護
（区分３～６）

●障害者支援施設などで提供される支援で、おもに入浴、排せつ、食事などの介護、調理、洗濯、掃除などの家事支援などを行う。

短期入所
（区分１～６）

●家族が病気や入院などで介護ができないときに、一時的に入所するショートステイ。

居宅介護
（区分１～６）

●ホームヘルパーが自宅を訪問し、調理、洗濯、掃除などの家事援助、入浴、食事の介護などを行う。

重度訪問介護
（区分４～６）

●つねに介護が必要な人に、ホームヘルパーが自宅を訪問し、調理、洗濯、掃除などの家事や、入浴、排せつ、食事などの介護を行う。

行動援護
（区分３～６）

●知的障害や精神障害のために、一人で外出するのが危険なときにサポートを行う。

医療費の負担を軽くする「自立支援医療」

精神科の医療費が1割負担になる

「自立支援医療」は、障害のある人の医療にかかる費用を軽減するための制度です。通常の健康保険の自己負担は3割ですが、自立支援医療の対象と認められると医療費の自己負担が1割になります。

発達障害のある人は、長期にわたり定期的に精神科を受診する場合があり、医療費の経済的負担は決して小さくありません。そういう意味でありがたい制度といえます。適用されるのは、入院をともなわない外来での診療費や処方された薬代のほか、精神科デイケア、訪問看護の利用費などもそうです。

また、精神疾患の場合は症状に波があるため、よくなった状態を維持したり、再発を防ぐために継続的な受診が必要になる場合、それも対象になります。

自立支援医療を利用する際は、市区町村にある障害福祉の担当窓口に相談してみましょう。

自立支援医療の種類

育成医療

身体障害のある17歳までの子どもが対象

更生医療

身体障害者手帳を持っている18歳以上が対象

精神通院医療

年齢に関係なく、精神疾患（発達障害やてんかんをふくむ）で精神科を通院する必要がある人が対象

訪問看護

精神科医療費

精神科デイケア

自立支援医療の対象とならないもの

- 入院したときの医療費
- 公的医療保険でカバーされない診療や薬代
- 指定自立支援医療機関ではない医療機関での医療費

障害のある人を守る「成年後見制度」

判断がむずかしいことをサポートしてくれる

発達障害のある人が成人して親元を離れて暮らすようになった場合、お金の管理や福祉サービスの契約など、一人で決めることがむずかしい場面がたくさん出てきます。ときには高価なものを買わされたり、不当な契約を結ばされたりする場合も考えられます。こんなとき法的に保護し、支援してくれるのが「成年後見制度」です。

成年後見制度には、本人の判断能力の程度によって三つのタイプがあります。お金を借りたり大きな買い物をする場合に支援してくれる「補助」や「保佐」というタイプと、本人に代わって契約や買い物をする「後見」というタイプです。ただ、日常生活に関することなら自分で判断してお金を使うことはできます。

この制度を利用したいときは、必要な書類を用意して家庭裁判所で手続きします。決定が出たあと、後見人も裁判所が選びます。

成年後見制度のしくみ

【対　象】 知的障害や知的障害をともなう発達障害のある人など、判断能力が不十分な人。

【成年後見制度のタイプ】

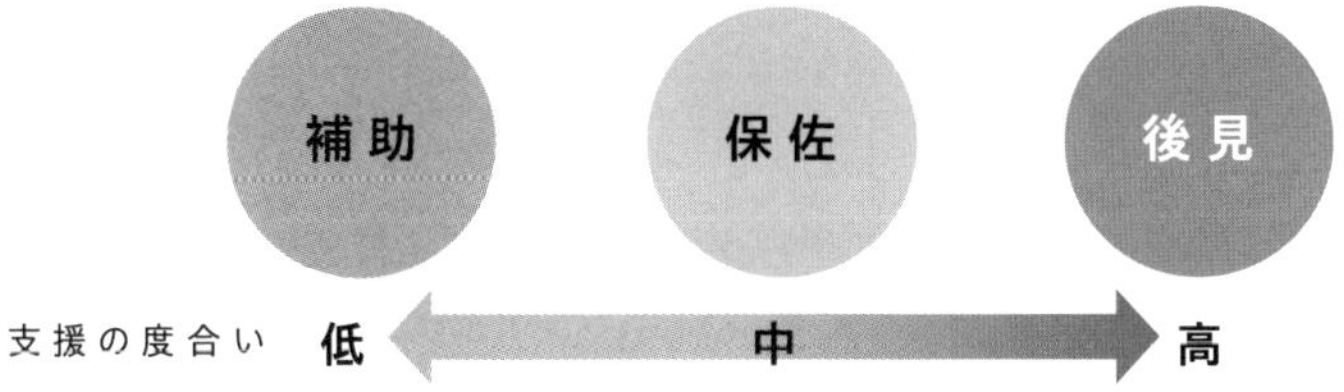

【成年後見制度の手続きの流れ】

裁判所に申し立て → 裁判所の調査 → 病院での専門的な検査 → 裁判所の決定

↑
必要ない場合もある

【後見人】

弁護士や司法書士など法律の専門家

社会福祉士など福祉の専門家

親族

注意点

お金の管理などを専門家に任せれば安心ですが、報酬を払い続けるなど費用がかかります。また、一度制度を利用し始めると途中でやめることができないので、十分に検討してから判断しましょう。

宮尾益知（みやお・ますとも）

東京生まれ。徳島大学医学部卒業。東京大学医学部小児科、自治医科大学小児科学教室、ハーバード大学神経科、国立成育医療研究センターこころの診療部発達心理科などをへて、2014年にどんぐり発達クリニックを開院。主な著書・監修書に『発達障害の治療法がよくわかる本』、『発達障害の親子ケア』、『女性のアスペルガー症候群』（いずれも講談社）、『アスペルガーと愛』（東京書籍）、『発達障害の子どもが元気になるやさしい言葉かけ』、『家族で支援する子どものASD』（いずれも小社）など。専門は発達行動小児科学、小児精神神経学、神経生理学。発達障害の臨床経験が豊富。

又村あおい（またむら・あおい）

1973年生まれ。成城大学卒。神奈川県平塚市役所勤務後、2020年4月に「全国手をつなぐ育成会連合会」へ転職。知的障害のある方や家族の暮らし支援を行っている。また、「日本発達障害連盟」の『発達障害白書』編集長や、厚生労働省の「障害児通所支援の在り方に関する検討会」委員などとして活動中。

参考図書

・『あたらしいほうりつの本』又村あおい／著　全国手をつなぐ育成会連合会
・『あたらしいほうりつの本 2018年改訂版』又村あおい／著　全国手をつなぐ育成会連合会
・『発達障害のある人が受けられるサービス・支援のすべて』嬉泉／監修　ナツメ社
・『家族で支援する発達障害 自立した進学と就労を進める本』高原浩／著　河出書房新社
・『親子で力を合わせ 思春期の発達障害を乗り越える』宮尾益知／監修　河出書房新社
・『ASD（アスペルガー症候群）、ADHD、LD 職場の発達障害』宮尾益知／監修　河出書房新社
・『発達障害の子どもが自立できる学習環境のつくりかた』宮尾益知／監修　河出書房新社

本文デザイン・DTP／志摩祐子、西村絵美（いずれもレゾナ）
校正／西進社
企画・構成／西垣成雄（青文舎）
編集／関根利子

発達障害のある子を守るお金と法律の話

2024年6月20日初版印刷
2024年6月30日初版発行

監　修　宮尾益知　又村あおい
発行者　小野寺優
発行所　株式会社河出書房新社
〒162-8544　東京都新宿区東五軒町2-13
電話　03-3404-1201(営業)　03-3404-8611(編集)
https://www.kawade.co.jp/

印刷・製本　三松堂株式会社

Printed in Japan ISBN978-4-309-29411-7